부동산으로 무조건 돈 버는
실전문제집

90점 이하는 절대로 잡 사지 마!

대한민국 최초

부동산으로 무조건 돈 버는 실전문제집

주택청약에서 주택임대사업까지

실전 100문제
× 총 2회
200문제

장예준 지음

아파트(분양권), 재개발 · 재건축, 오피스텔, 토지, 상가,
법인, 세금, 정책, 상속 · 증여, 경매, 대출까지
반드시 알아야 할 부동산 핵심이론 총정리

좋은땅

일러두기

본 책은 작가가 직접 여러 관련 자료를 조회, 검토하여 작성한 노하우와 문제들로 이루어졌으며, 대부분 검증된 자료를 토대로 작성되었으나, 작가의 개인적인 경험을 토대로 작성된 답도 있기에, 독자님들 누구나 의견을 달리할 수 있음을 존중하며, 이 책에서 언급한 법률, 세금적인 부분이나, 기타 검증은 반드시 개개인이 전문가에게 상담 의뢰하여 투자해야 하며, 어떠한 경우에도 이 책이 개개인의 투자 관련 법적책임 소재에 증거자료가 될 수 없음을 알려 드리며, 이 책의 원고를 검토한 시기와 실제 인쇄된 기간과의 약간의 격차가 있어 그간 변경된 법률적인 부분이 반영되지 못한 부분도 있을 수 있다는 것을 감안해 주시기 바랍니다.

프롤로그

　필자는 부동산 관련 책을 쓰기에 앞서 어떤 방향으로 책을 쓸지에 대해 많은 고민을 하였습니다. 대한민국의 50대 직장인으로, 두 아이의 아빠로 25여 년간 자본주의와 부동산에 관해 누구보다 치열하게 고민해 왔던 사람으로서, 내가 쓴 책이 어떤 사람에게 어떻게 영향을 미칠지 모르기에 신중을 기하지 않을 수 없었습니다. '실전 100문제 × 2회 200문제'를 풀어 보면 아시겠지만 상당히 광범위한 범위를 다루고 있고 이걸 다 알아야 하나 싶을지도 모릅니다. 하지만 핵심을 꿰뚫는 투자를 하기 위해서는 무주택자건 다주택자건 큰 그림을 이해해야 한다고 생각해 '실전 100문제 × 2회 200문제'를 직접 만들었습니다.

　이 책을 자본주의를 살아가는 모든 분들이 참고할 수 있도록 쓰되, 특히 무주택자와 사회 초년생들이 작은 종잣돈으로 가치 있는 부동산을 매수하도록 돕고, 은퇴를 앞둔 베이비붐 세대 분들이 평생 안 먹고, 안 입고 모은 소중한 종잣돈을 헛된 부동산을 구매하여 손해 보는 일이 없길 바라는 마음에서 집필하였음을 알립니다.

　현재(2024년 1월)는 작년 2분기부터 주택 가격이 반짝 상승하다가 4분기부터 주춤하며 매물이 쌓이고 있는 상황입니다. 다행히도 필자가 책을 출판하는 시점이 주택 가격 급등기가 아님에 필자는 안도합니다. 필자가 아무리 좋은 내용을 문제로 내서 주택 마련을 돕는다고 해도 주택 가격이 천정부지로 상승하는 시기라면 대부분의 실수요자분들은 주택 마련이 쉽지 않을 것입니다. 다행히도 4월 총선, 내릴 줄 모르는 금리, 세계 곳곳에서의 전쟁 등 여러 가지 요인으로 집값은 하락을 유지하고 있는 것 같습니다. 총선을 치루고 나서도 정부 정책의 방향이 잡히려면 일정 시간이 걸린다는 것을 감안하면 정부의 부동산 정책은 빨라야 9월 전후가 아닐까 예측해 봅니다. 경착륙을 원하지 않는 정부로선 부동산 부양정책을 내놓을 것 같은데요. 단숨에 시장의 흐름이 바뀌지는 않을 것 같습니다. 그렇다면 이런 시기에 무주택 실수요자분들이 공공분양이나 사대문 안의 향후 아파트가 될 수 있는 빌라 등을 구매할 수 있지 않을까 조심스럽게 생각해 봅니다. 올해가 분명 기회가 될 수 있을 것 같은데 미래의 주택 시장을 예측한다는 건 사실 신의 영역에 가깝다고 생각합니다. 우리가 주택 가격의 바닥이 언제인지 알면 얼마나 좋을까요?

주택은 과거부터 지금까지 우상향했다는 것은 많은 전문가들이 동의하는 바입니다. 그런데 오르락내리락하는 시점에 있어 오른 시점에 주택을 구입하는 것이 '독'이 된다는 것은 누구나 아는 사실인데 과연 상승시점과 하락시점을 예측하는 것이 가능하냐는 겁니다.

지금껏 주택 가격의 변수는 외부요인이 많았고 이를 국내의 예측자료로는 맞히는 것이 어렵다는 점에서 주택 가격 상승과 하락시점은 누구도 감히 예상하기 어렵습니다. 따라서 반드시 주택이 바닥일 때 구매하기보다는 긴 안목에서 실거주를 하며 주택을 구입한다면 적어도 10년 정도의 주기를 토대로 가치 있는 아파트와 아파트가 될 부동산은 우리를 결코 배신하지 않을 것입니다.

그렇다면 집값을 좌우하는 요소는 무엇일까요? 대략 큰 줄기로 5가지 정도가 일반인들이 생각하는 변동 요인일 것입니다.

A. 금리
B. 경제상황(IMF, 리먼사태, 코로나로 인한 경기 침체)으로 인한 불황이 유지되는 시기

C. 정부정책(세금 및 공급정책)

D. 입주물량(미분양 물량)

E. 인구현황

그렇다면 위의 5가지 요소의 변수만 입력하면 집값의 향방을 알 수 있는 것일까요? 그렇지 않다는 게 문제입니다. 위의 변수 외에도 지방과 수도권 간의 격차 정도, 청년세대 조부모·부모의 상속 및 증여의 향방, 각 지역의 개별적인 개발호재, 각 주택 형태별(아파트냐, 단독이냐, 이주자택지냐) 선호도의 변화, 다주택자의 움직이는 방향 등 적어도 크게 좌우될 추가 변수 또한 5가지 이상입니다. 모든 변수 중에서 가장 크게 좌우한다고 생각하는 건 그래도 금리와 공급물량이겠으나, 이 두 가지 사실을 미리 예측한다 해도 살아 있는 생물이라는 부동산의 가격은 예측하기가 쉽지 않습니다. 우리는 역사에서 현재를 배우듯이 과거의 사례로 돌아가 본다면, IMF 때는 약 1년 6개월간 집값이 하락하다가 회복되었고, 리먼사태 이후에는 거의 6년간 집값이 하향곡선을 그리고 나서야 회복되었습니다. 지금 코로나로 인한 불황의 여파로 달러를 눈 오듯 쏟아부은 후 회수하는 과정에서 금리가 오르고 집값이 떨어진다는 논리라면, IMF 때는 한때 금리가 18%를 육박했음에도 집값 하락이 1년 6개월밖에는 가지 않았고, 리먼사태 시에는 금리를 오히려 내리는 추세였음에도 집값 하락은 멈추지를 않았습니다. 이처럼 금리를 안다고 해서 집값의 향방을 아는 것이 쉽지 않고, 이러한 상황 속에서 부린이(부동산 지식이 초등학생 같다는 은어)나 어쩌다 한 채를 분양받거나, 부모님께 상속받아 한 채를 소유하게 된 사람들이 과연 향후의 집값 향방을 예측할 수 있을까요? 거의 불가능에 가깝다고 봐야 합니다.

공급에 있어서도 그렇습니다. 과연 어느 곳에 얼마의 분양가에 공급물량이 있는지가 관건입니다. 서울이냐, 경기냐, 지방이냐, 정부정책으로 갈아탈 수 있는 상황이 되냐, 상황이 된다 해도, 가격이 맞느냐, 그걸 받아 줄 사람이 있느냐 등 이루 말할 수 없는 변수가 존재합니다. 몇몇 유튜버나 부동산 전문가라는 사람들의 말이 과연 맞는지 검증할 방법조차 없습니다. 전문가나 유튜버들은 결코 특정 지역, 특정 시점에 예상은 하지도 않을뿐더러 한다 해도, 빠져나올 방법은 항상 마련하기 때문입니다. 틀린다 한들 제재할 방법이 있을까요?

그렇다면 지금 대다수의 무주택자들이나 1주택자들에게 있어 부동산으로 돈을 벌기 위해 가장 중요시해야 할 핵심은 무엇일까요? 그건 바로 우리나라가 지속적으로 성장하여 경제성장률이 계속 올라갈 수 있느냐와 밀접하다고 보고 있습니다. 소득이 상승해야 소비도 늘 것이고 더 나은 주거환경에 대한 욕구도 상승할 터니 말입니다.

대한민국은 약 10년 후면 1인당 GNI(Gross National Income, 국민총소득) 5만 달러 시대를 맞이할 것으로 예측하는 자료가 보도되고 있습니다. 명실상부 빅 세븐 선진국의 시대를 맞이하게 되는 것입니다. 여기에 바로 답이 있습니다. GNI 5만 달러 시대의 부동산을 바라보는 눈을 키우는 것이 가장 핵심입니다. 물론 미·중 패권다툼의 향방, 대한민국 기술력의 증진 여부, 인구현황 추이, 산업 다각화, 정치적 안정 등 지켜봐야 할 요소 또한 존재하기에 10년 후 GNI 5만 달러 시대가 확실하진 않더라도 우리나라의 국민들의 각 분야에서의 노력은 다시 한번 잠재력을 폭발시킬 것으로 보여, 분명 지금보다는 더 선진화된 나라로 진입할 것으로 필자는 예측합니다. 이에 현재의 부동산 지식을 기반으로 미래의 진정한 선진국 시대의 부동산 시장을 준비해야 합니다. 물론 우리나라의 GNI가 떨어진다는 전제 또한 배제할 수 없을 것입니다. 그렇다면 집값은 하락할 것이고, 집을 구매해서는 안 된다는 논리로 전개될 것입니다. 필자는 경제학자도 아니고, 거시경제를 예측할 만한 능력을 갖지도 못했기에 하락을 예측하는 분들의 논리 또한 막을 이유가 없습니다. 다만 필자의 책은 부동산에 관한 과거와 현재를 바라보며 예측 가능한 내용을 다루고 있고, 우리나라의 미래를 긍정적으로 보고 있기에 집값이 떨어진다 해도 일정 기간이 지나면 다시 상승할 수도 있기에 집을 구매하는 것이 낫다고 생각하지만, 향후 우리나라가 장기간 경기 불황에 빠질 것으로 예측하시는 분들은 집을 구매하지 않으시는 것 또한 존중합니다. 선택은 누구나 자신이 하는 것이며 결과 또한 스스로 받아들이는 것이기에 충분한 공부와 지식을 토대로 부동산 시장의 향방을 예측하여 판단하시길 바랍니다.

'실전 100문제 × 2회 200문제'는 우리가 진정한 선진국에 진입한 후에도 써먹을 수 있는 핵심 내용들로 이루어졌으며, 법률, 세무, 부동산 구매 노하우, 직접 겪은 경험담 등 반드시 알아야 할 부동산 핵심지식입니다.

그렇다면 무주택자와 베이비붐 세대들이 현시점(2024년 1월)에 주택을 마련하는 방법은 무엇이 있을까요? 필자는 3가지 방법 중에 하나의 방법으로 한다면 실패 없는 첫 주택구매가 될 것으로 판단합니다. 3가지의 방법 중에 어느 것이 낫다고 하기엔 상황과 갖은 시드머니 등이 다 다르다 보니 일정 부분 시세차익의 차이는 있겠으나, 뒤에서 설명드릴 형태별 3가지 방법과 지역별 3가지 방법으로 구매한다면, 아쉬움이 남지 않는 구매가 될 것입니다.

무주택자와 베이비붐 세대들에 이어 1주택자의 맞춤 투자전략 3가지도 말씀드렸고, 다주택자(2주택 이상을 다주택자라 함)분들은 필자보다 더 많이 아시는 분들도 계시기에 드릴 수 있는 조언은 많지 않지만, 다주택자분들의 맞춤 투자전략도 짧게 5가지로 말씀드렸으니 참고하시기 바랍니다.

이 책에는 정부정책 및 법률, 복잡한 세법 등 반드시 전문가와 최소 3번 이상 상의해야 하는 내용이 담겨 있습니다. 필자는 각종 관련 분야의 지식과 자료 등을 ChatGPT, Bard, Bing 등 AI 자료를 통해 선별하여 공유하고자 할 뿐입니다. 부동산 관련 법률과 세금 등은 한 번의 실수로 어마어마한 손해를 입을 수 있으니 이 책은 참고용으로만 사용하여야 하며 변호사, 세무사, 법무사, 공인중개사, 감정평가사 등 전문가와의 상담은 필수임을 밝히는 바입니다.

 필자가 만든 문제의 답은 법률적으로 서면화된 부분 외에는 어디까지나 필자의 개인 생각이 담긴 내용들로 100% 정답이 될 수 없으며, 예를 든 문제들은 핵심지역 부동산을 매수할 수 있도록 돕고자 하는 데 의미가 있습니다. 누구나 살고 싶은 곳이 아닌 부동산을 매수하고도 극소수의 사람들은 돈을 벌기도 합니다. 그것이 본인의 실력으로 벌었다고 생각합니다. 그래서 더 덩치 큰 쓸모없는 부동산을 매수하게 되고, 결국 되돌리기 어려운 손해로 귀결됩니다. 핵심을 꿰뚫는 투자건, 어떤 투자건 100% 성공하는 투자는 없습니다. 하지만 우리가 지향해야 할 목표는 매우 적은 확률이 아닙니다. 평생 한 번 살까 말까 한 엄청난 자산을 매입하는 일입니다. 결코 가벼이 여길 일이 아니기에 신중을 기하시길 바라며, '실전 100문제 × 2회 200문제'를 참고로 부동산 흐름을 공부해 놓으신다면 언제, 어느 곳이건 독자님들 각자의 판단에 따라 소중한 자산을 키우실 수 있을 거라 확신합니다.

 아무쪼록 열심히 부동산에 관해 공부하셔서 냉철한 이성으로 돈을 벌고 따뜻한 감성으로 돈을 쓴다는 의미로 '머리로 벌어 가슴으로 쓰는' 자본주의를 타고 노는 독자님들이 되시기를 기원합니다.

2024년 1월 아파트 단지 내 독서실에서
장예준 드림

목차

출제방향 : 문제의 범위는 아파트(분양권), 재개발·재건축, 오피스텔, 토지, 상가, 법인, 세금, 정책, 상속·증여, 경매, 교통, 대출까지 반드시 알아야 할 부동산 핵심이론을 무작위로 혼합했다. 난이도는 上·中·下로 고르게 출제하였고, 난이도는 단순히 문제의 정답을 맞히는 것이 어려워 보여 上으로 분류한 것은 아니며 개념이나 이해도가 더 필요한 문제를 어렵다고 보았다.

일러두기　4
프롤로그　5

무주택자의 형태별 맞춤 투자전략 3가지	13
무주택자의 지역별 맞춤 투자전략 3가지	16
퇴직자(베이비붐 세대)들의 형태별 맞춤 투자전략 3가지	20
퇴직자(베이비붐 세대)들의 지역별 맞춤 투자전략 3가지	23
1주택자의 맞춤 투자전략 3가지	25
다주택자의 맞춤 투자전략 5가지	27
작가가 드리는 부동산 성공 투자 필수 TIP1(임장의 중요성)	29
작가가 드리는 부동산 성공 투자 필수 TIP2(레버리지의 중요성)	38
작가가 드리는 부동산 성공 투자 필수 TIP3(저가 매수의 중요성)	42
작가가 드리는 부동산 성공 투자 필수 TIP4(돈에 관한 철학 정립의 중요성)	46

작가가 드리는 부동산 성공 투자 필수 TIP5(부동산 시장에서 멘탈의 중요성)	49
작가가 드리는 부동산 성공 투자 필수 TIP6(부동산 시장에서 계절요인의 중요성)	52
작가가 드리는 재개발·재건축 관련 특별 OX 문제(재개발·재건축에서 반드시 세 번 이상 확인해야 할 사항)	54
작가가 드리는 재개발·재건축 관련 특별 OX 문제 정답 및 해설	57
실전 100문제 1회 문제요약(총 100문제)	60
실전 100문제 1회(총 100문제)	65
실전 100문제 1회 정답	151
실전 100문제 2회 문제요약(총 100문제)	159
실전 100문제 2회(총 100문제)	165
실전 100문제 2회 정답	238

에필로그　246

무주택자의
형태별 맞춤 투자전략
3가지

첫째로, 부모님의 도움 없이 집을 마련해야 하는 무주택자는, 특히 결혼을 했거나 앞둔 청년들이 0순위로 고려해야 할 것은 공공분양주택(LH(토지주택공사)나 지방공사와 같은 공공 기관이 단독으로 또는 민간과 공동으로 건설하여 분양하는, 34평(전용 면적 85㎡ 이하) 이하의 주택으로 무주택 세대주에게 공급하는 것을 원칙으로 하는 주택)입니다. 공공분양주택은 일반분양과 일정 기간 후에 분양 전환되는 공공임대주택이 있으며, 이러한 공공분양주택은 분양가가 민간건설사보다 낮을 뿐더러 투자금액 대비 시세차익도 크기에 반드시 노려 봐야 할 주택구매 방법입니다. 형태는 나눔형, 선택형, 일반형으로 명명되고 정권에 따라 다양한 형태로 변화되고 있으나, 기본적인 틀은 공공에서 분양하는 주택이라는 것입니다. 무주택자가 공공분양주택을 분양받은 후에는 대부분 무주택을 유지해야 하기에 무주택자는 무주택자에게 제공되는 또 하나의 특권인 분양 전환되지 않는 국민임대주택(행복주택)에서 저렴하게 거주하며 시드머니를 모아 나가는 것도 방법입니다.

둘째로, 서울시장이 추진하는 모아주택을 노려야 합니다. 과거 서울시가 추진했던 뉴타운이란 정책은 모두들 들어 보셨을 것입니다. 이와 비슷한 노후주택 대규모 개발 정책이 현 서울시장이 추진하는 모아타운 정책입니다. 모아타운은 가로주택정비사업 등의 소규모 정비사업(보통 1, 2개의 동으로 규모가 작은 정비사업)을 하나의 모아주택으로 보고 이 단지들을 모아서 재개발처럼 큰 규모의 모아타운으로 만들고자 하는 정책으로 재개발의 중요한 단계인 2가지 단계(추진위원회설립, 관리처분인가)를 생략함으로써 그 속도를 재개발보다 4~5년 빨리 개발하고자 하는 방식입니다. 서울시에서 현재 81개를 지정했고 앞으로는 수시로 지정해서 총 100개를 지정한다고 합니다. 아직까진 재개발처럼 많이 알려지지 않아 재개발에 비해 프리미엄이 덜 비싸다는 장점이 있습니다. 다만, 무주택자들이 모아주택을 구매하면 유주택자로 전환되면서 공공분양을 받을 자격이 상실되고, 모아타운은 주민동의율이 80% 이상이어야 조합 설립이 가능하기에 무분별한 투자보다는 가격과 입지 선정에 신중을 기해야 하며, 최근 분양원가의 상승에 따른 조합원 분양가의 상승은 사업 진행에 걸림돌이 될 수 있음을 명심해야 합니다.

셋째로, 무주택자는 토지거래허가 구역을 노려 볼 만합니다. 토지거래허가구역의 경우 실제 거주해야 하고, 전입도 해야 해서 갭투자가 차단되고 그만큼 진입장벽이 높아 무주택 실수요자에게 좋은 주택구입처가 됩니다. (서울시 신속통합구역 및 경기권 공공재개발·재건축 후보지 등이 있으며 강남 및 목동 재건축 단지 등이 해당되나 강남 및 목동은 가격이 부담스러움) 서울 외곽(도봉, 노원, 은평, 금천 등) 신속통합기획구역, 경기권(고양시 대곡뉴타운 등) 공공재개발·재건축후보지 등도 발품을 팔아 볼 만합니다.

무주택자의
지역별 맞춤 투자전략
3가지

첫째로, 무주택자가 노려야 할 지역별 추천지역은 3기 신도시 시범 단지입니다. 3기 신도시 중에도 어디가 좋으냐를 묻는다면 당연히 하남교산을 들겠지만, 다른 3기 신도시 모든 곳이 좋다고 봐야 하며 시범 단지는 일단 당첨이 되고 나서 고민해야 할 징도로 시세차익은 보장이 된다고 봐야 합니다. 굳이 3기 신도시 순위를 매겨 본다면 필자는 하남교산 〉 고양창릉 〉 부천대장 = 남양주왕숙 〉 인천계양 정도로 보고 싶습니다.

둘째로, 무주택자가 서울 사대문 안의 빌라를 구입한다는 건 무주택 자격을 상실한다는 의미에서 신중을 기해야 합니다. 하지만 궁극적으로 서울 사대문 안이 3기 신도시보다 월등한 입지적 우위를 점한다고 본다면 이 또한 나쁜 선택은 아니라고 봅니다. 서울 사대문 안의 빌라에 직접 거주하거나, 갭투자를 할 경우 1억 초중반의 비용(필자가 책을 쓰면서 현재 서울의 모아타운 후보 예정지나 사대문 안의 빌라를 얼마의 돈이 있어야 매수 가능한지 필자의 모든 역량을 동원해서 임장과 모니터링을 해 본 결과 1억 원 이하의 돈으로는 괜찮은 빌라를 구매하는 것이 어렵다고 판단했습니다. 가급적 1억 원 이하의 금액으로 핵심적인 부동산을 구매할 수 있다고 말씀드리고 싶었지만 아쉬움을 뒤로하고 현실을 말씀드립니다. 전세사기를 예방하기 위해 내놓은 정부정책으로 전세보증보험의 기준이 되는 공시가 하락, 전세보증보험 한도 축소로 임차인의 경우 전세보증보험 한도를 초과하는 전세보증금을 내고 입주할 리가 없기에 전세가가 하락하여 전세를 활용한 빌라 매수가 쉽지 않게 됐고, 공시가격의 하락으로 담보대출 역시 축소되어 대출을 통한 매수도 쉽지 않은 상황입니다. 일부 극소수의 전세사기 범죄자들 때문에 다수의 임대인들이 역전세 난으로 피해를 보고 있는 상황이며, 경매물량도 증가세에 있습니다. 전세사기를 막기 위한 정부정책 기조는 맞지만, 좀 더 면밀한 핀셋 규제대책이 나와야 하지 않을까 하는 아쉬움이 있습니다. 이런 혼란한 시장을 노려 싸게 구입해 주겠다고 접근하는 무자격 컨설팅 업체나 재개발 전문가 그룹이라며 SNS 단톡방을 활용해 중간에서 마진만 받아 챙기고 언제 재개발이 될지, 사업성이 어떤지 등의 예측은 고사하고 부동산 시장만 교란시키는 행태까지 포착되기도 했습니다. 실수요자일수록 직접 현장을 방문하여 지역 원주민 공인중개사나 재개발 전문 부동산을 찾는 것이 중요합니다)이 들 것으로 보이는데, 향후 개발호재가 있는 지역이라면 시세차익은 적지 않을 것으로 판단되며, 전세사기로 온 나라가 들썩이며 빌라 가격이 하락하고 있는 이때가 기회가 될 수도 있습니다. (빌라라고 계속 하락하지는 않을 것 같습니다. 전세사기 사태가 진정될 것이고, 빌라(다세대주택, 연립주택)는 아파트에 비해 소규모 건축이기에 치솟는 공사비를 감당하기 어려워 건축인허가 물량이 2022년에 비해 2023년에 급감했기에 물량 부족은 현실이 되고 있습니다) 다만 빌라가 아파트에 비해 거주요건이 좋지 않으므로 소위 몸테크를 해야 한다는 부분에서 젊은 세대에겐 쉽지 않은 선택지로 보이긴 합니다.

셋째로, 시드머니가 1억 원 미만인 무주택자가 선택할 수 있는 지역 중 청약가점이 높은 경우에는 3기 신도시 및 택지지구를 청약하는 것이 가장 좋은 선택이겠으나, 당첨이 보장되지 않는 상황에서 분양가는 계속 상승하는데 무작정 기다리는 것도 좋은 방법은 아니기에 현실에 맞는 실거주용 아파트와 시일이 걸리더라도 아파트가 될 빌라와 재건축될 구형 아파트를 매입하는 것도 하나의 방법이 될 것입니다.

그런 범주에서 본다면, 서울 사대문 밖의 도봉구 도봉동·방학동·쌍문동, 금천구 독산동·시흥동, 양천구 신월동, 강서구 화곡동 등의 재개발이나 재건축 호재가 있는 빌라나 구형 아파트도 가능하고 15년 전후의 구형 아파트의 경우 경기도 화성시, 의정부시, 광주시, 서해선이 개통된 시흥시, 안산시, 7호선 연장선이 개통된 인천시 부평구 등의 아파트를 매입하는 것도 방법이 될 것입니다. 입지적으로 떨어지는 곳들이지만 주변 지역의 재개발, 재건축으로 인해 구형 아파트도 일정 부분 키 맞추기를 할 것으로 예상되는바 적은 돈으로 실거주를 겸한다는 부분에서 치솟는 분양가를 감안한다면 사지 않고 기다리는 것보다는 나을 것으로 판단됩니다.

아무쪼록 무주택자 분들이 부동산 하락기에 주택을 구입, 상승기에 팔고 더 나은 곳으로 갈아타거나, 더 넓은 평수로, 더 새 아파트로 이사하길 간절히 바랍니다.

퇴직자(베이비붐 세대)들의 형태별 맞춤 투자전략 3가지

첫째로, 부동산에 투자하지 않는 걸 추천합니다. (우량한 회사의 회사채나 'ㅇㅇㅇ 전자' 등의 우량한 주식을 사는 게 낫습니다)

은퇴를 앞두거나 퇴직하신 베이비붐 세대 분들은 고정 소득이 적거나, 아예 없기에 새로운 '양질'의 부동산을 구매하는 것이 쉽지가 않습니다. 그래서 대부분의 임대 목적의 부동산을 소액으로 구매하게 되는데 오피스텔, 지식산업센터, 지방의 작은 구분상가, 호텔식 생활형숙박시설 등의 경우 그 수요가 한정적이기에 부동산 하락기에는 하방 경직성이 매우 약합니다. 따라서 임대수익이 쪼그라드는 것도 문제지만, 실제 분양가에도 못 미쳐 파는 경우도 많고, 이마저도 팔리지 않아 맘고생이 이만저만이 아닙니다. 따라서 은퇴자 분들은 임대 목적의 부동산은 구매하지 않는 것이 낫다고 다시 한번 말씀드립니다.

둘째로, 도심 아파트나 주택을 소유하고 있다가 전원주택이나 수도권 밖의 소규모 타운하우스로 옮기는 것은 매우 신중해야 합니다. 도심생활에 지쳐 농촌생활이나 한적한 중소도시의 타운하우스를 꿈꾸는 분들이 많은데 실제 살아 보는 것은 좋으나, 매입을 해서 사는 것은 큰 위험이 될 수 있습니다. 실제 서울 근교 타운하우스는 분양가 이하로 나오는 것이 부지기수며, 전원주택 매입 후 거주하다가 다시 팔고 도심으로 오고 싶어도 그 사이에 도심의 주택 가격은 전원주택보다 훨씬 더 비싸져 있기에 100살까지 살기 위해 평생 모은 돈을 상당 부분 손해 볼 수도 있기 때문입니다.

셋째로, 수도권 내이면서(서울·경기면 더욱 좋지만 투자금의 한계가 있기에) 대형 재개발·재건축으로 분양되는 방 두 개 이하에 거실이 있는 25평 이하(전용면적

60㎡ 이하)~17평 초과(전용면적 40㎡ 초과) 주택을 사는 것도 좋은 방법입니다. 평형이 적어 수요는 좀 적더라도 대규모 재개발·재건축 단지의 인프라를 누리면서 약간의 시세차익까지 노릴 수 있는 괜찮은 투자처입니다. 말씀드린 대로 전제 조건은 대규모 재개발·재건축 단지이며 교통이 어느 정도 갖춰진 적어도 수도권 내의 새 아파트를 말합니다.

퇴직자(베이비붐 세대)들의 지역별 맞춤 투자전략 3가지

첫째로, 수도권이 아닌 지방은 매우 신중히 접근해야 하며 본인이 거주하지 않고 하는 지방투자는 실패할 확률이 높습니다. 지방 광역시는 분명 그곳을 기반으로 생활하는 사람들이 있기에 어느 정도 수요는 유지되겠으나 그 수요는 점점 범위가 좁아져 일자리를 찾아 나서는 수도권으로의 쏠림 현상은 막기 어려울 것 같습니다.

둘째로, 노년을 즐기기 위해선 병원이나, 문화시설, 교통이 발달된 곳이 좋기에 경기권의 34평(전용면적 85㎡) 아파트에서 서울 사대문 안의 인프라가 충분히 갖춰진 25평형 이하(전용면적 60㎡ 이하) 작은 평형으로의 이동도 충분히 고려해 볼 만합니다. 지금도 그렇지만 향후 서울 25평형(전용면적 60㎡)의 입지 좋은 아파트는 떨어지기도 어려울뿐더러 거짓말 좀 보태서 황금보다도 더 빨리 현금화할 수 있는 자산이 될 것이기 때문입니다.

셋째로, 수도권에 집을 소유하고 계신 분들이 노년을 위해 현금화하여 일부 사용하고 자녀들을 위해 먼 미래를 보고 지방에 땅을 구매하시려는 분들도 있으나, 땅은 수도권이나 지방 구매 시 재촌자경하지 않으면 절세 혜택도 없고, 건물이 없는 땅을 임대하는 것이 쉽지 않아 임대 수익 없이 오랜 시간을 보내야 하기에 은퇴자 분들은 지양하길 권합니다.

1주택자의 맞춤 투자전략 3가지

첫째로, 1주택자분들에게 있어서 가장 중요한 건 뭐니 뭐니 해도 양도세일 것입니다. 주택이 바로 사고팔 수 있는 상품이 아니다 보니 1주택자분들은 일시적 1가구 2주택을 활용, 먼저 파는 주택을 비과세 받으면서 반복하는 방법이 매우 유용합니다. 1주택 + 주택·입주권·분양권 등을 적용해 그 비과세 받는 방법을 누구보다 잘 알아야 할 것입니다.

둘째로, 상급지로 갈아탈 시 부동산을 보는 눈을 키워야 한다는 것입니다. 상급지라고 판단해서 기존 집을 팔았는데 알고 보니 기존집이 더 오르더라, 이건 제대로 핵심지역 투자를 못한 것입니다. 1주택자분들은 상승기에 파는 시기를 놓치면 기분만 붕 떴다 가라앉는 꼴이 되니 파는 시기 또한 매우 중요합니다.

셋째로, 멀티플레이어가 되어야 한다고 말씀드리고 싶습니다. 기존 아파트를 사거나, 아파트를 청약하는 것까지는 잘하시는데, 다음 단계인 재개발·재건축 부동산 공부는 덜 하시는 것 같습니다. 재개발·재건축은 반드시 배워야 할 부동산 투자 방식입니다.

다주택자의
맞춤 투자전략
5가지

첫째로, 다주택자분들은 장기적으로 보아 규모를 늘려 자산을 키울지, 아니면 핵심적인 부동산 한두 개로 압축할지에 대한 방향을 설정하는 것이 중요합니다.

둘째로, 아파트가 아닌 기타 상품을 비즈니스와 접목하면 모를까, 굳이 아파트 외의 상품은 지양하는 것을 권해 드립니다. 아시다시피 상가는 양도소득세 비과세 혜택도 없으니 세금을 상쇄할 만한 상승률이 아니라면 쉬운 투자는 아닐 겁니다.

셋째로, 현재는 아파트는 임대주택으로 등록이 불가하고, 다가구나 빌라 등이 해당되는데 임대기간이 10년임을 감안할 때 장기적인 관점에서 끌고 갈 수 있을지의 판단이 중요하며, 신중을 기해야 한다고 봅니다.

넷째로, 법인 개설을 통한 명의 분산 투자를 하는 데 있어서도 충분한 법인의 특성을 파악하셔서 투자해야 하며, 법인 투자를 단순히 명의 분산으로 오해하는 경우가 많으나, 법인 투자는 운영의 묘가 더욱 중요하기에 쉬운 투자가 아님은 잘 아시리라 봅니다.

다섯째로, 100억 이상을 보는 분들은 빌딩도 좋고, 땅도 좋고, 근린상가도 좋으나 그만큼 엄청난 시간과 노력이 필요하며, 순식간에 찾아올지도 모를 외부변수에 대한 리스크는 항상 감안해야 함을 당부 드립니다.

작가가 드리는 부동산 성공 투자 필수 TIP1 (임장의 중요성)

무주택자와 청년들 그리고 퇴직자(퇴직 예정자)분들이 종잣돈 마련과 더불어 가장 중요하게 해야 할 건 현장을 다녀 보는 것입니다. 현장을 직접 가 보는 것은 돈 버는 데 매우 유용합니다.

아파트입주자 사이트에서 하는 얘기를 들어 보면 현장을 가 보지 않아 손해 보는 경우를 너무나 많이 봅니다.

"저희 집은 2층인데요. 글쎄, 바로 앞에 보이는 게 쓰레기 분리수거장이네요. 이걸 알았다면 여길 분양받지 않았을 텐데 여름엔 냄새 때문에 미치겠습니다."

"저희 집은 앞이 옹벽이라 햇빛이 하나도 안 들어와요. 이렇게 옹벽이 높게 올라갈 걸 알았더라면 매입하지 않았을 겁니다."

"저희 집은 앞 동이 너무 앞에 있어서 우리 집 숟가락까지 보이겠어요. 사생활 보호가 전혀 안 되네요."

"집 앞으로 주상복합 50층짜리가 들어온대요. 이게 말이 되나요? 우린 어쩌라구요?"

"저는 분양가 5억에 구매했는데 옆 대단지에 아주 급한 사람 물건(대단지 입주 초기에는 사람들의 사정이 다 다르다 보니 말도 안 되는 물건이 간혹 나오기도 한다)이 내가 산 가격보다 1억 원이나 싸게 나왔더라고요. 이게 말이 되나요?"

현장을 다녀 보지 않고, 모델하우스를 꼼꼼히 보지 않아 발생하는 문제는 나열할 수 없을 만큼 많습니다. A아파트 입주 현장이 궁금해 방문했다면 근처 B, C, D아파트는 반드시 가 보고 와야 합니다.

아파트가 될 E, F까지는 아니더라도 말입니다. 모델하우스에 가면 분리수거장이 당연히 모형으로 표시되어 있고요, 옹벽 높이 등도 잘 나타나 있습니다. 그저 본인 동호수만 보고 가면 후회하게 됩니다. 요즘처럼 고지대에 아파트를 짓는 경우엔 필로티 1층이 일반아파트 4~5층에 맞먹는 경우도 많습니다. 미리 현장을 다녀 보고 모델하우스와 대입시켜 보면 내 집 앞의 조망이 어떻게 될지는 금방 알게 될 것입니다.

현장에 가면 반드시 부동산에 들러 그 지역의 개발지도를 보셔야 합니다. 인터넷으로도 어느 정도 파악은 되나 실제 가장 가까운 시기에 개발될 지역들과 구역별 모형도, 평면도 등을 일목요연하게 조감도로 만들어 놨으니까요, 양해를 구하고 사진만 찍으면 됩니다.

필자가 주택에 관심을 가진 지는 어언 25년이 되었습니다. 강변북로를 달리다 트리마제를 보며 '아! 저게 미분양이었는데', 청담대교 앞을 지나면서 보이는 광진 트라팰리스를 보며 '아, 저게 삼성물산이 사용한 주상복합 브랜드였지', 동부간선도로를 지나다 보면 보이는 서울숲 더샾을 보며 '저게 분양 당시 엄청난 고분양가로 고전했던 거였지', 영동대로를 지나며 삼성동 아이파크를 보며 '저 펜트하우스를 중국인이 샀다지', 북아현동 고바위를 걸으며 '여기가 재개발되면 얼마나 조망이 좋을까?', UN빌리지를 차로 돌아보며 '나도 여기 한 번 살 날이 오겠지' 생각했습니다.

수많은 서울 25개구의 재개발, 재건축으로 철거된 현장, 새 아파트 입주 현장, 부동산 사무실들, 트럭들만 겨우 달리는 한겨울 광교신도시 토목공사 현장, 열병합발전소 예정 등으로 미분양 났던 3개의 지자체(서울·성남·하남시)로 구성된 위례신도시 모델하우스, 김포 LH(토지주택공사) 소형 아파트 미분양 현장, 첫 서울시 복합재개발이라는 이문동 현장, 은평구 단독주택을 허물고 다세대를 건축하는 현장, 북한산 등산을 핑계 삼아 간 은평뉴타운의 들쑥날쑥 층이 다른 예쁜 단지들, 노원구 주공아파트 중 상업지에 속한 동이 있다고 하여 찾아간 재건축 단지, '분당, 목동, 일산 재건축이 완료되면 거기 살던 사람들은 어디로 갈까' 궁금해 다니던 주변 지역, 지식산업센터 내의 독점상가는 지식산업센터의 꽃이라기에 찾아다닌 경기 지식산업센터, 5층짜리 주공아파트를 강남의 미니 신도시로 탈바꿈시킨 개포동 브랜드 단지, '고시원 운영은 진짜 수익이 날까' 궁금해 찾아가 본 고시원 프랜차이즈, 양평 전원주택 단지, 하남 이주자택지 메인상권, 동탄 신도시 구분상가, 배곧 이주자택지, 서래

마을 프랑스 식당 상권 탐방, 보일러가 터졌다는 연락을 받고 간 빌라, LH(토지주택공사) 임대를 연계해 주는 법무사 사무실, 노량진 상권은 진짜 죽은 건지 궁금해서 찾아간 노량진 컵밥집, 소월로를 걸으며 이태원 아파트를 저녁에 임장했던 기억, 인왕산에 올라 도심 빌딩을 보며 하나 갖고야 말겠다며 야호를 외치던 기억, 인천, 남양주 등 서울 지하철 연장 역사들, 신림선, 김포선 경전철 내부, 삼성전자 예정부지 용인, 은마아파트 상가 떡볶이 집, 대치동 학원가, 홍대 재즈 카페, 분묘기지권이 돈이 된다 하여 이름 모를 묘비가 있는 임야, 구례 복숭아 밭, 엉터리 묘목으로 보상가를 올리려 심어 놓은 화성 밭, 모아타운 81개 지구를 다 확인하고 프린트해 시범지구 네댓 곳을 돌아보던, 경기도 최저가 아파트가 즐비한 1호선 라인 동두천시 역세권, 한살림 운동의 본거지 원주 주공아파트, 군인들이 많이 산다는 춘천 후평동 닭갈비집, 검단신도시와 계양역 연결의 미래를 그리며 지나던 계양대교, 세종시는 공무원들의 도시인데 도대체 누가 주상복합 국민평형을 10억 원이 훨씬 넘게 주고 사는지 궁금해 아침 일찍 출발해 저녁을 먹고 왔던 기억, GTX 용인역에서 판교역은 얼마나 걸어야 하나 걸어 보던 기억, 인천 월미도로 놀러 갔다가 송도와의 가격 차는 얼마가 적당할까 궁금해하며 방문한 영종도, 당시 고속도로 방음터널도 없던 광교 상현역 근처 미분양 모델하우스, 경기도 시흥 및 광주 역세권 아파트들, 아이들과 점심을 싸들고 다니던 신도시 호수공원들, 래미안을 비롯한 빅 브랜드 건설사 모델하우스들, 웬만한 광역도시, 생애 첫 번째 책을 출간하기 위해 방문한 서교동 (주)좋은땅 출판사 등등 다 쓰면 지면이 모자랄 만큼 많은 지역을 방문하였습니다. 이러한 곳들을 다니면서 실거주와 투자를 상상해 보지 않은 곳은 없었습니다. 내가 살고 싶어 하는 곳은 남들도 살고 싶어 할 테니 말입니다.

    작년 기사에서 동작구 본동 수방사부지에 LH가 사전 청약한다는 공고를 보면서 '아! 거기 옆 래미안트원파크 내가 청약했다가 떨어진 곳인데. 당시 본동을 샅샅

이 뒤지고 다니며 만났던 사장님들 아직도 잘 계시나, 래미안트윈파크가 2011년 입주로 나오는 걸 보니 2009년에는 분양을 했겠구나. 벌써 14년 전이구나. 계약금이고 뭐고 일단 당첨만 되면 되팔 수 있겠지 하며 서울, 경기 가릴 것 없이 청약을 했더랬지. 당시 노들역에서 나와 본동 래미안 쪽으로 걸어가다 보면 있던 작은 떡집에서 인절미를 사서 언덕배기 공원에서 먹던 기억이 나네. 구의역 롯데캐슬이스트폴 2023년 7월에 분양했구나. 여긴 자양동 처제집 근처라 이곳저곳 다녀 보던 곳인데 분양가가 이 정도일 줄이야. 그런데도 다 완판이라니. 2023년 가을께에 일반분양한다는 이문동 래미안라그란데 분양 소식을 듣고 아는 지인과 분양가를 맞춰 보자며 내기를 했던 게 불과 재작년인데, 예상 분양가보다 2억이나 더 올랐다니 앞으로 재개발·재건축 건축비 상승 정말로 어쩌나. 서부선 개통으로 수혜가 예상되던 상도동 언덕배기 푸르지오는 34평(전용면적 85㎡)이 13억대라니. 2023년 10월에 분양한 동탄 금강7차가 6차보다도 입지적으로 아래라고 평가받는데도 불구하고 10개월 늦게 분양하면서 분양가는 오히려 7천만 원이 상승하다니' 하고 생각이 났습니다.

이처럼 임장을 다녀 본 곳은 쉽게 떠올리며 자신의 상황과 대입이 가능합니다. 전혀 모르는 지역은 관심도 덜 갈 것이고, 그 지역을 모르면 향후 시장을 예측하기도 어렵습니다. 경매에 있어서도 임장이 반이라는 말이 있습니다. 결코 빈말이 아닙니다. 필자가 처음 산 집에는 거의 매일 가다시피 했습니다. 마냥 좋았고 그 근처에서 머무는 게 좋았습니다. 아이들과도 가고 아내와도 참 많이 갔습니다. 아쉽게도 아내는 지금도 부동산엔 별 관심이 없지만 그래도 함께해 줘서 감사할 따름입니다.

그럼 임장을 다니는 것을 가장 어려워하는 이유는 무엇일까요?

맞습니다. 내가 돈이 없는데 반포 래미안안원베일리 임장해서 뭐 하고, 용산 한강로를 임장해서 뭐 하나, 수중에 단돈 천만 원도 없는데, 서울은 꿈도 못 꾸는데.

필자 역시도 24년 전에는 계약금도 없었고, 부동산에 관심조차 없었습니다. 살고 있던 동네가 재개발로 떠들썩했음에도 남의 나라 얘기였죠. 하지만 필자가 결혼 날짜를 잡고 전셋집을 알아보면서 집에 대한 소중함을 알았습니다. 당시 필자는 서울 도봉구에 거주하고 있었는데 소형 아파트 전셋값 1억 원이 없어, 이리저리 알아보던 중 주공아파트 5층짜리를 4천만 원에 전세로 들어가 신혼을 시작했습니다. 5층짜리의 4층이었는데 엘리베이터도 없어서 아이 유모차를 어깨에 메고 날랐던 기억이 새롭습니다. IMF가 끝나 가는 때였기에 재개발 아파트도 프리미엄이 몇 천씩 상승하는 것을 지인으로부터 듣기 시작했고 오르는 월급에 비해 엄청난 상승을 보며 '이게 가능해? 어떻게?'를 외치며 이때부터 청약통장을 만들고 아파트에 관심을 갖기 시작했습니다. 부부가 당첨만 되면 전세라도 빼서 월세로 가고, 남은 돈과 마이너스 통장으로 집을 계약하려 했습니다. 당시만 해도 그래도 분양가가 착했기에 당첨이 되면 희망은 있었으나, 당첨은 되지 않았고 분양가는 점점 상승하고 있었습니다.

조바심이 난 필자는 청약 말고 집을 사는 방법이 뭔지 고민했고, 이후 재개발이라는 블루오션에 눈을 뜨게 되었습니다. 일반분양에 비해서 분양가는 쌌고 당시 성북구 등의 재개발 입주권 뚜껑(입주권이 보장되는 무허가 주택)매물은 P(프리미엄)가 1천만 원짜리도 많았습니다. 길음 뉴타운이 성북구 길음동 일대를 강타하며 필자의 아파트 투자는 시작되었습니다.

당시 필자는 재개발 시장에선 새파란 젊은이였기에 빠르게 재개발 매커니즘을 터득할 수 있었고, 다른 곳들을 섭렵할 수 있었습니다. 재개발 수익구조를 내는 공식은 재건축과 크게 다를 바 없어(서울 → 경기 → 인천 → 수도권 → 지방) 모두 적용되어 필자를 집주인으로 만들어 줬습니다. 얼마 지나지 않아 세금의 중요성을 절실히 알게 되었고 세금이라는 난관을 피할 수 없기에 절세하는 방법에 매진하게 되었습니다.

당시 필자가 아파트 청약에만 목숨을 걸고서 여기저기 부동산에 관심을 갖지 않았다면 필자는 돈을 벌 확률이 매우 낮은 주식에 올인하여 깡통을 찰 수도 있었으며, 오르는 집값에 놀라 조급한 결정으로 누구나 살고 싶어 하는 곳이 아닌 부동산을 구매했을 수도 있을 겁니다.

지금도 부동산으로 돈을 버는 사람은 많습니다. 하지만 그때보다는 어려워진 건 사실입니다. 임금에 비해 너무 많이 올랐습니다. 절대가격이 너무 커진 것도 사실입니다. 가계부채도 어마어마합니다. 앞으로 부동산이 더 떨어질지, 오를지 예측은 누구도 못 합니다. 그렇다면 더욱더 미리 준비해야 할 겁니다. 2022년 말에서 지금까지 반짝 상승 후 다시 떨어진 곳이 많고, 대부분 매물이 쌓이며 정체 중에 있습니다. 이럴 때일수록 더 관심을 갖고 '집값이 떨어져서 회복 못 한 곳은 왜 회복을 못 했을까? 떨어진 곳 주변은 분양하는 곳이 있나? 인천은 앞으로도 물량이 무지 많다는데 반대로 무지 많은 시기가 지나면 인천 구도심이 정비가 잘돼서 꽤 살기 좋은 지역이 될 수도 있겠구나. 혹시 천만 원으로 살 수 있는 경기권 아파트가 있을까? 지금은 비록 반지하 원룸이지만 개발이 된다면 인플레이션을 방어해 줄 정도는 되지 않을까? 비록 지금은 가격이 형편없지만 주변이 변화될 지역인가? 재개발·재건축 공사비는 엄청나게 오르고 있다는데 그럼 주변에 10여 년 된 아파트는 평면이나 하드웨어적으론 큰 차이가 없을 텐데 사는 건 어떨까? 오피스텔은 절대로 사면 안 된다는데 정말 그런지 한번 제대로 분석해 볼까? 3기 신도시 분양가는? 노원 주공아파트 재건축 시 시세는 얼마나 될까?' 이런 고민으로 잠을 설치진 못하더라도 여건이 안 된다는 이유로 무주택자가 한 달에 몇만 원 넣는 청약통장도 안 만들고, 집에만 가만히 앉아 인터넷으로 '아! 여기 이 정도 알면 되지, 굳이 갈 필요 있나?' 그런 정도의 관심으론 돈을 벌 수 있는 아파트를 구하기는 점점 더 어려워질 것입니다. 주식은 떨어지면 휴지가 되고, 코인은 흔적도 없이 사이버휴지통으로 날아가지만 부동산은 최악의 경우 자기가 들어가서 사는 방법도 있습니다. 10년 후에 진정한 선진국이 될 우리나라의 미래를 보고 핵심지역의 부동산을 산다면 결코 배반하진 않을 것입니다.

임장을 가게 되면 부동산 방문은 필수입니다. '살 것도 아닌데 부동산에 가서 뭐 하나? 괜히 창피한 게 싫다.' 평생 한 번 살까 말까 한 물건 사는데 미리미리 알아봐야지, 그냥 사는 게 말이 됩니까? 몇 년 후에 살 계획이라면 미리 가서 알아보고 추이를 보는 게 손해나는 일은 아닙니다.

부동산 사장님들과 특별한 대화보다는 우리가 물건을 살 때와 같이 기본적인 예의로 물건을 찾으면 됩니다. '급매를 잡는 방법이 있다, 누구한테는 좋은 물건을 잘 준다, 음료를 사 가면 더 빨리 알려 줄 거다' 이런 팁들을 알면 시작을 부드럽게 하는 데 도움이 될 수도 있지만 가장 중요한 건 방문의사를 정확히 표현하고 본인의 연락처를 남기고 오는 것입니다.

"바로 계약금을 입금하지도 않을 거면서 부동산은 왜 와서 귀찮게 해"라는 사장님이 있다면 그 사업장이 오래가진 못할 겁니다. 현찰이 있어서 현장에서 바로 지불할 수 있다면 이것보다 더 급매를 사기 좋은 환경은 없겠으나 대부분 그렇지 못하는 건 잘 아실 겁니다.

필자는 지금도 틈만 나면 혼자 임장 다니는 게 취미입니다. 혼자만의 산책으로 사색할 수 있어 좋고 당시 돈 아껴 보겠다고 젊은 패기로 시장통 김밥 한 줄과, 찐빵을 먹으며 남가좌동 꼭대기 학고방을 다니던 그때가 그리워지기도 합니다. 당시와 달라진 게 있다면 지금은 웬만하면 그 지역의 잘하는 식당을 찾는 정도며 차를 가지고 다니고, 부동산을 당시보다 덜 방문하는 정도입니다.

임장의 중요성은 이루 말할 수 없이 중요합니다. 앞에서 언급했듯이 입주 후에 몇 년 지나지 않아 바로 앞에 50층 주상복합이 들어선다면, 그걸 미리 알았더라면(정확하진 않아도 들어설 가능성이 있다는 것만 알았더라도) 얼마나 큰 손실을 막았을까요? 강남은 한강 조망권에 10억이 왔다 갔다 할 정도로 조망권 프리미엄은 상상을 초월합니다. 주택은 평생 한 번 사기도 힘든 고가의 상품입니다. 그런 상품을 그냥 쉽게 산다는 게 말이 될 리 없습니다. 이처럼 임장은 여러 번 강조해도 끝이 없을 정도로 중요합니다.

작가가 드리는
부동산 성공 투자
필수 TIP2
(레버리지의 중요성)

부동산은 실제로 우리 일상에 얼마나 영향을 미칠까요? 우리가 부동산을 이야기할 때 부동산을 매수하는 것만이 목적은 아닐 겁니다. 사업을 하기 위하여 임대를 받는 분도 계실 것이고, 부모님께 상속을 받아 소유하게 된 분도 계실 것이고, 빌라에 임대로 들어가고자 하는 분도 계실 것이고, 공원이나 편의시설을 이용하는 분들도 계실 것이고, 부동산과 관련된 세금을 알아보고자 하는 분도 계실 것입니다. 부동산과 관련된 일상들은 우리 생활 전반에 걸쳐 광범위하게 연관되어 있습니다. 그럼에도 불구하고 최근에 청년들이나, 은퇴자분들은 부동산보다는 주식이나 코인 등에 더 관심을 갖는 것 같습니다. 그도 그럴 것이 실제로 부동산과 관련된 비용들은 주식이나 코인 투자비용보다는 상당히 많이 들어가기 때문일 겁니다. 필자가 아무리 임장의 중요성을 말씀드린다 한들 부동산에 관심 가질 만한 돈이 없는데 부동산에 관심을 갖도록 유도하는 것은 쉽지 않을 것입니다. 실제로 필자가 부동산은 대출을 받거나, 전세를 활용할 수 있기에 레버리지를 활용하면 자본금보다도 더 큰 수익을 낼 수 있기에 주식보다도 더 빨리 자산 증식이 가능하다고 설파한들 이 말을 귀담아 듣는 직장선후배는 많지 않을 것입니다. 여기서 다시 문제를 하나 내 보겠습니다.

문제) 삼성전자 주식을 8억 원 정도 사면 일반(특별)배당금을 합쳐서 한 달에 120만 원가량 나온다고 한다. 이걸 금리로 따지면 대략 2% 전후다. A 씨는 8억으로 삼성전자 주식을 투자했고, B 씨는 자기 돈 8억에 전세 10억 원을 끼고 18억짜리 핵심아파트를 샀다. C 씨는 정기예금 3%짜리 금리로 8억 원을 적금에 넣었다. 세 사람의 10년 후 자산 가치는 누가 가장 높아질 거라고 생각하는가?(레버리지에 관한 물음으로 등락이 심한 테마주는 배제하기로 한다)
(   )

답을 달아 보셨나요? 물론 필자는 주택이 상승한다는 전제이고, 과거부터 지금까지 등락은 있었으나 주택은 결국 상승하였기에 과거를 통해 가능한 전제를 제시한 것입니다.

"과거부터 지금까지는 상승했지만 앞으로는 누구도 알 수 없는 거 아닌가?" 당연한 말씀입니다. 일본처럼 잃어버린 30년이 되지 않을까 우려하시는 분들에게는 필자의 전제가 무의미합니다. 하락론에 관한 충분한 공부를 통해 그것이 맞다고 생각하시면 주택을 구매하지 않는 것이 맞습니다. 하지만 필자는 서두에도 말씀드렸듯이 우리나라는 노력과 운도 좋아서 당당히 선진국 초입에 진입했고, 개인과 마찬가지로 국가는 더더욱 '개천에서 용 나는 것'이 힘들 것이기에 쉽게 후진국으로 미끄러지지는 않을 것이며, 진정한 선진국 대열에 합류할 것으로 보기에 실제 앞서 나간 선진국의 사례에 주목합니다. 1인당 GNI(Gross National Income, 국민총소득) 5만 달러를 넘는 선진국들의 집값이 결국 떨어졌나요? 임대료가 더 저렴해졌나요? 우리가 아는 메이저 도시들은 일반인들이 접근하기 어려울 정도로 집값이 상승한 건 필자가 말하지 않아도 아실 것입니다. 주식·코인 등이 접근성도 좋고 스릴도 있기에 투자할 수밖에 없는 현실을 필자가 모르는 바는 아닙니다. 주식이나 코인을 통해 시드머니를 만들 수 있다면 최고일 겁니다. 하지만 주식이나 코인으로 돈을 버는 것이 결코 쉽지 않고, 자칫 시드머니를 모아 주택을 매수하려는 분들이 주식·코인으로 실패한 후 상당 기간 동안 부동산을 매수할 여력이 안 되는 상황이 필자는 안타깝습니다. 주식이건 코인이건 최선을 다해 공부한다면 수익을 낼 수 있는 것이 자본주의며 누구도 부인하진 못할 것입니다. 다만 필자는 주식이나 코인에 비해 핵심부동산은 실패할 확률이 적다고 보며, 레버리지 투자가 가능해 투자금 대비 수익이 클 수 있다는 것을 말씀드리고 싶습니다. 그렇다고 필자가 무작정 레버리지를 활용한 투자를 권하는 것이 아니라는 건 뒤에 나오는 실전문제를 통해 충분히 설명 드리고 있습니다. 실전 100문제 1회를 풀어 보시면 아시겠지만 이제 막 부동산에 관심을 가지려는 분들이나 1주택을 소유하신 분들도 용어나 분야의 다양성 면에서 쉽지 않았으리라 생각합니다. 필자가 의도하는 바는 문제를 풀면서 자연스럽게 부동산 전반에 관한 흐름을 이해할 수 있도록 하는 것입니다. 그래서 의도적으로 답이 뻔히 보이는 문제도 상당히 많이 냈습니다. 눈치가 빠르신 분들은 필자의 의도를 아시리라 생각합니다.

작가가 드리는
부동산 성공 투자
필수 TIP3
(저가 매수의 중요성)

작가가 드리는 부동산 성공 투자 필수 TIP1에서는 임장의 중요성을 강조 드렸고, TIP2에서는 부동산 매수 시 레버리지를 이용하시라는 말씀을 드렸습니다. 작가가 드리는 부동산 성공 투자 필수 TIP3은 바로 최대한 싸게 사야 한다는 것입니다.

2022년 말부터 2023년 12월까지 부동산 가격이 하락한 곳은 상당합니다. 서울 강남 중심부와 일부 지역은 상당 부분 회복되었다고는 하나, 거래량은 소강상태에 있으며, 시장에 나오는 매도 물량은 증가하고 있습니다. 이러한 상황에서 서울 최상위 지역이 아닌 곳의 아파트를 비싼 가격에 사거나 천정부지로 치솟은 일반분양을 분양 받는 것은 신중해야 합니다. 어떤 상품이건 싸게 산다면 마진은 커질 것이고, 불황이 찾아온다고 해도 견딜 수 있는 여력이 생길 것입니다. 재개발이나 재건축이 쉬운 투자는 아니지만 부동산을 좀 안다는 사람들이 계속해서 관심을 갖는 이유도 재개발이나 재건축 아파트는 미래에 완공되지만 현재의 시세는 주변 새 아파트에 비해 싸게 사는 것이기 때문입니다.(안전마진이란 표현을 쓰기도 하는데요. 비교대상이 되는 새 아파트의 가격보다 2~3억을 싸게 산다면 일단은 마진을 먹고 들어간다는 얘기가 되기에 안전하다고 볼 수 있는 것이지요. 신도시 내 공공분양이 분양가상한제로 인해 주변 시세보다 수억 원 싸게 분양하기에 수백 대 일의 경쟁률이 넘는 이유도 불황이 찾아와 아파트 가격이 하락한다 해도 주변 시세보다 싸게 분양받았기에 안전하다는 것입니다) 하지만 처음부터 비싸게 매수한다면 불황을 못 견디고 손절할 수밖에는 없을 겁니다. 이자와 아파트 가격이 동시에 상승한 지금 부동산 매수는 더욱 신중해야 합니다. 필자가 낸 문제들을 충분히 복기하시는 분들이라면 아파트 외의 상품들을 사는 것은 엄청난 손실과 기회비용을 날릴 수 있음을 이해하셨을 것으로 보는데요. 그렇다면 아파트를 매수하는 데 있어서 비싼 건지 싼 건지를 알아낼 실력은 어떻게 키워야 할까요?

'실전 100문제 × 2회 200문제'에서 언급한 부분들 중, 저층을 공략하는 법에 관해서 말씀드렸고, 25평(전용면적 60㎡)이 서울의 가격이 계속 오를 경우 34평(전용면적 85㎡)보다 더 잘 팔릴 수도 있다고, 단지 내 조경(석가산폭포나 수변시설이 잘 갖춰진 곳)이 조망된다면 도로가의 조망보다 가격이 더 높을 수 있다고, 신도시나 뉴타운 등의 단지는 무조건 먼저 분양받는 게 이익이라고, 주변에 개발호재가 있어야 한다고, 지역적으로 계속 발전되는 곳을 선택해야 한다고, 역세권도 같은 역세권이 아니라고, 여러 가지 데이터상으로 검증되고 있는 지방은 점점 더 쇠퇴하고 수도권으로 몰릴 수밖에 없다고, 서울의 인프라는 더욱 확충되어 지방과의 차이는 더욱 커질 것이라고, 아이들과 활동성이 많은 젊은 부부들의 경우 골프장보다는 이용횟수가 더 많은 호수공원이나, 대규모 공원 조망지역을 더 선호할 것이라고, 최근 분양된 단지들 중 수익이 가장 클 것 같은 단지는 어디라고, 인플레이션 방어를 위해 경기권의 구축과 3억 후반 아파트도 추천 드렸고, 재개발이나 재건축 구매 시에는 반드시 주변 시세와 재건축됐을 때의 가격을 비교해 봐야 하며, 아파트도 지역마다 계급이 존재하듯 서열이 있고, 평면의 장점과 단점을 파악할 줄 알아야 하며, 25평(전용면적 60㎡ 미만)이 안 되는 평형도 향후에는 1인 가구의 증가로 대단지·새 아파트·역세권·교육여건까지 갖춘다면 충분한 경쟁력이 있다고, 지역마다 선호하는 평형이 다르고, 향후 학원가로 발전할 지역이 어디며 그러한 학원가를 들어갈 사람들은 어떤 사람들인지, 대한민국 명문대학은 인구가 준다고 해서 선호도가 떨어질지, 그래서 지방 거점대학이 더 성장해서 수도권 대학들보다 더 선호도가 높아질지, 아파트가 될 빌라는 향후에 얼마나 줄어들지, 아파트가 싫어서 가는 사람들이 많은지 아파트는 좋지만 자신의 환경에 맞추는 사람들이 많은지, LH(토지주택공사)아파트의 분양가 대비 가격경쟁력이 어떤지, 도로가 신설되면 주변의 어느 곳이 수혜를 직접적으로 볼지, 주식은 접근성은 좋지만 결과적으로 주식의 상승폭과 아파트의 상승폭은 누가 더 큰지, 강남아파트라고 해서 무조건 좋은 것이 아니라, 투자금 대비 수익률이 어떤 건지, 불과 1년도 안 되어 수억 원씩 상승하는 분양가를 어떻게 바라봐야 할지, 결국 부동산은 자신이 좋다고 좋은 게 아니라 많은 사람들에게 회자되고 관심의 대상이 되어야 돈이 몰리고, 거래가 활발해진다는 것 등등 정말 무수히 많은 요소들을 알아야 지금 현재 어느 곳의 아파트가 비싼 건지 아닌지 알 수 있다고 말씀드렸습니다. 이런 나열하기도 힘든 요소들을 알아야만 아파트를 싸게 살 수 있는 것입니다.

그래서 공부를 하지 않고 아파트를 사는 것은 실패할 확률이 매우 높습니다. 옛날에 분양가가 지금의 반값일 때는 시절이 좋아 혹은, 운이 좋아서 수익이 났다 해도 지금은 그때와는 많이 다르다고 보아야 합니다. 건축비의 엄청난 상승으로 인해 재개발·재건축 시장에서의 안전마진도 많이 적어진 상황입니다. 아무런 부동산 공부도 없이 '남들 따라 어찌어찌하면 나도 되겠지' 하는 막연함은 매우 위험합니다. 필자의 '실전 100문제 × 2회 200문제'를 푸는 것도 방법이고, 시중에 판매되는 부동산 서적도 좋습니다. 유튜브, 인스타그램, AI와의 대화 등 SNS를 통한 공부도 좋구요. 충분히 검증된 부동산 전문가들의 강의도 좋고, 뉴스기사도 매우 유용합니다. 부동산 뉴스기사의 대부분은 후원 건설사의 광고성 글이 많지만, 실제 정보가 되는 뉴스도 상당하니 광고와 뉴스를 구분할 줄 알 정도로 매일 여러 일간지를 본다면 실력이 상승된다고 보며, 어떤 매체건 충분한 시간을 갖고 공부한 후 부동산을 매수하신다면 충분히 낮은 가격에 부동산을 구매하실 수 있으리라 생각합니다. 한번 매수 후에는 더욱 더 관심을 갖게 될 것이고 공부의 탄력도 한껏 붙을 것입니다. 이렇게 하나하나 알아 나가는 것이 바로 부동산 실력이 됩니다. 부동산이 비싼 건지, 싼 건지 알아낼 수 있는 것, 그 실력을 키우는 데 집중하시기를 바랍니다.

작가가 드리는
부동산 성공 투자
필수 TIP4
(돈에 관한
철학 정립의 중요성)

작가가 드리는 부동산 성공 투자 필수 TIP4는 돈에 관한 철학을 정립하셔야 한다는 겁니다. 돈에 관한 철학은 누구나 갖고 계시리라 생각하기에 필자가 주제넘게 말씀드리지는 못할 것 같습니다. 필자의 돈에 관한 철학은 역시 문제를 통해서 말씀드리고자 합니다.

문제) 우리가 살면서 읽었던 감명 깊은 책들이 있을 것이다. 그런 책들에선 "돈을 많이 벌어라!", "돈을 위해서 최선을 다해라!", "돈이 최고다!" 이런 내용이 거의 없다. 돈은 행복으로 가기 위한 하나의 수단에 불과하기에 그 의미는 크다 할 수 없다. 물론 그 수단이라는 것 중에 돈이 상당한 위치를 차지하는 건 사실이다. 하지만 돈을 벌기만 하고 쓰지도 못하고 움켜쥐고만 있다가 죽는 사람들도 많다. 부동산을 공부해 성공 투자를 한다는 것은 열심히 벌어서 자기 자신, 가족, 주위 사람들에게 따뜻한 온기를 전하기 위함일 것이다. 가슴속에 따스함을 느꼈던 감명 받은 책대로 우리가 살지는 못하지만, 그런 책들을 자주 접하다 보면 우리의 모습도 조금은 변화되리라 생각한다. 인생에서 가장 가슴을 울렸던 책이 있다면 무슨 책인가?
(   )

답을 달아 보셨나요? 필자는 헬레나 노르베리 호지(Helena Norberg-Hodge)의 《오래된 미래(라다크로부터 배우다)》(2007년 번역, 원제는 ANCIENT FUTURES(Learning from Ladakh), 1992년)를 꼽고 싶습니다. 필자는 이 책이 '라다크'라는 지역에 문명이 들어서면서 어떻게 가족 간의 유대관계와 전통문화의 소중함을 잃어 가는가, 그리고 그 잃어버린 소중함을 다시 회복할 수 있는가에 관한 훌륭한 책이라고 생각합니다. 싸구려 플라스틱 용기들과 인스턴트식품의 편리함을 좋아하게 된 시골 사람들이 다시 나무나 흙으로 만든 그릇과 전통 호밀 빵과, 발효 콩을 소중하게 여기기까지 많은 시간이 걸리게 되는 것이 안타깝습니다. '문명의 수혜 = 돈'이라는 생각에 사로잡히지 않으려고 필자는 노력하고 있지만, 돈의 편리함에 다짐은 쉽게 잊히고 맙니다. 우리가 생각하는 행복은 하나의 요소에 국한되지 않는다는 것을 누구나 알고 있을 것입니다. 소중한 사람들과 먹는 냉면 한 그릇, 따뜻한 말 한마디, 동네 한 바퀴 산책, 잠시 갖는 커피타임, 이러한 소중함을 잃는다면 돈은 한낱 종이쪼가리에 불과함을 잊지 말자고 필자는 다시 한번 다짐해 봅니다.

작가가 드리는
부동산 성공 투자
필수 TIP5
(부동산 시장에서
멘탈의 중요성)

부동산 시장에서 멘탈의 중요성은 많이들 들어 보셨을 겁니다. 일반적으로 우리가 '멘탈이 강한 사람이다'라고 하면 어떤 사람을 일컫는 걸까요? 어떠한 일에 크게 일희일비하지 않고 안정적인 상태를 유지하는 정신력을 가진 사람, 육체적인 강인함이 뒷받침되면서 정신력도 길러진 사람, 위기의식을 느끼면서도 위기의식에 동요되지 않고 일상생활에 차질을 빚지 않는 사람, 이 정도가 멘탈이 강한 사람으로 불리지 않을까요.

그렇다면 부동산 시장에서 멘탈이 강한 사람은 어떤 사람일까요? 부동산이 5년간 내리 떨어지고, 온통 하락에 관한 얘기뿐이고, 그러한 얘기에 관련 자료나 통계까지 연계되는 상황에서 나 홀로 상승을 주장하며 꿋꿋이 부동산을 매수하는 사람일까요? 아니면 호들갑을 떨며 최저가로 매도하는 사람일까요? 필자는 두 사람 다 부동산 시장에서 멘탈이 강한 사람이라고 생각하지 않습니다. 부동산 시장에서 멘탈이 강한 사람은 경험과 이론이 겸비되어 시장을 누구보다 정확히 알고 있는 사람입니다.

이와 관련 후배의 주식 투자 이야기를 한번 해 볼까 합니다. 후배는 나름 부동산 공부를 열심히 했고, 그걸 실행으로 옮겨 주거가 안정된 중산층의 삶을 살고 있습니다. 후배는 부동산은 열심히 공부한 반면, 주식은 한 번도 해 보지 않은 걸로 알고 있었는데, 어느 날 들어 보니 2022년 'ㅇㅇㅇ'전자가 5만 원 언저리일 때, 이때는 사도 되겠다는 생각으로(부동산의 저평가 시점을 예측한 것처럼) 주택담보대출을 받아 'ㅇㅇㅇ'전자 1억 원 어치를 매수했다고 합니다. 그런데 'ㅇㅇㅇ'전자가 두세 달 사이에 시름시름 떨어지더니 4만 원 후반까지 떨어졌다고 합니다. 주식보다 훨씬 더 큰 자본이 들어간 부동산은 5년 가까이 버텨서 상승을 맛본 후배인데, 'ㅇㅇㅇ'전자를 1년을 못 기다리고 손실을 보고 판 것입니다. 이게 가능한 시나리오일까요? 충분히 가능한 시나리오고 후배 이야기입니다.

이게 바로 경험과 이론이 겸비되지 못했기 때문입니다. 대출이자는 나가지, 'ㅇㅇ

○'전자는 계속 떨어지지, 하루에 몇십만 원씩의 손해가 너무 크다고 생각된 것입니다. 후배가 1년만 버텨 줬어도 충분히 술을 한잔 얻어먹을 수 있었는데, 오히려 "형! 주식 사서 날렸으니 형이 내"라기에 울며 겨자 먹기로 술을 샀던 기억이 나네요. 후배는 주식투자로 백만 원 단위의 손해를 봤지만, 부동산은 어떤가요? 몇백만 원의 손해로 끝난다면 정말 소중한 경험을 한 것으로 봐도 무방할 겁니다. 하지만 잘못된 부동산 시장에서의 멘탈로 인해, 무너질 멘탈은 끝이 없을 겁니다. 부동산 시장에서의 진정한 멘탈은 하락장에서 더 많이 발휘되겠지만, 상승장에서의 멘탈 역시 중요합니다. 영원한 상승은 없기에 적당한 시기에 매도할 수 있는 멘탈 또한 중요할 테니 말입니다.

작가가 드리는 부동산 성공 투자 필수 TIP6
(부동산 시장에서 계절요인의 중요성)

부동산 시장에서 계절적인 요인만 잘 활용해도 몇천만 원을 절약할 수 있다면 활용하지 않을 이유는 없을 것입니다. 1년 중에 부동산 매수·매도 비수기는 여름철(장마와 태풍, 무더위 그에 따른 휴가시즌)과 한겨울 한파 때가 될 것입니다. 반면에 전세 시장은 학군 수요 등으로 겨울철에도 잘나가는 것으로 알려져 있습니다. 겨울철 전세 수요의 증가는 예측이 가능하기에 큰 변수는 없다고 봅니다. 하지만 계절적 요인으로 인해 부동산 거래 가격이 몇천만 원씩 차이가 나는 경우는 꽤 많이 경험했습니다. 특히 하락기의 경우 계절적인 특성을 파악하면 가격을 낮게 조정해 사기가 쉽습니다. 이유를 말씀드리면 하락기에 불안 심리가 더해지는데 대출이자는 매월 180만 원씩 나가는데 휴가철과 장마와 태풍으로 인해 몇 개월간 집을 보러 오는 사람이 없기 때문입니다. 매도자 입장에서 매월 나가는 이자와 몇 개월간의 맘고생을 생각하면 천만 원 정도의 네고(negotiation)는 충분히 가능한 선택이라고 보입니다. 따라서 남들이 여름휴가 가고, 덥다고 밖에 나가지 않는 한여름만 잘 활용해도 부동산을 싸게 살 수 있습니다.

다음으로 겨울철의 경우를 말씀드리면 신정과 구정을 부동산 매수기로 잡으면 여름휴가철처럼 가격을 네고하기에 좋습니다. 신정과 구정은 많은 사람들이 다른 곳에 관심을 갖는 경우가 많고, 부동산을 보러 다니는 경우는 많지 않습니다. 하지만 이럴 때가 부동산을 싸게 살 수 있는 기회가 되기도 합니다. 부동산도 결국 상품이고 경쟁이 덜한 때가 가장 저가로 사기에 적합하기 때문입니다. 농산물이나 공산품처럼 적은 단위의 상품이 아니기에 이런 계절적인 틈새만 잘 이용해도 몇천만 원을 벌기도 합니다.

작가가 드리는 재개발·재건축
관련 특별 OX 문제
(재개발·재건축에서 반드시
세 번 이상 확인해야 할 사항)

1. 재개발·재건축 사업장에서 아무리 사업성이 좋아도(조합원은 적은데 일반분양 분이 많은 경우 등) 조합장과 시공업자 간의 유착관계가 잘못 형성되는 경우 사업성은 곤두박질칠 수 있으며, 이로 인해 조합장이 교체되거나 심지어 구속되는 등의 문제는 항상 제기되어 왔다. 따라서 조합원은 정비사업이 잘 진행되고 있는지 많은 관심을 기울여야 한다. (   )

2. 〈도시정비법〉 제39조 제2항을 보면 투기과열지구(서울시 서초·강남·송파·용산구에 해당)에서 진행되는 재개발·재건축 사업장에서는 조합원 지위 양도가 제한된다. 재개발은 관리처분인가 후 건축물 또는 토지를 양수할 경우, 재건축은 조합설립인가 후 건축물 또는 토지를 양수한 경우 조합원이 될 수 없다. (   )

   현재(2024년 1월)를 기준으로 투기과열지구는 가장 부촌이라는 4개구에 해당된다. 이곳의 관리 처분된 재개발 입주권을 사려면 적어도 7~8억 원의 현금이 필요할 것으로 예측되고, 재건축의 경우도 조합 설립이 된 경우에는 7~8억 원이 소요될 것으로 보이기에 사실상 일반인들이 접근하기엔 한계가 있어 보인다. 지금은 거의 해제되고 서울 4개구만 남았지만, 투기과열지구가 수도권 등 곳곳에 지정된 경우에도 일반인들에게 큰 제약이 된다. 재개발이나 재건축에서 입주권을 받을 수 없다면 투자할 의미가 거의 없을 것이다. 따라서 재개발이나 재건축 지분을 매수할 때는 반드시 특약사항에 조합원입주권이 나온다는 전제로 구매할 것이니 조합원입주권이 안 나올 시에는 계약은 무효라는 내용을 적어야 한다.

3. 재개발 현장에서 부르는 뚜껑(대지는 없고 무허가 건축물만 있는 건축물)도 지자체마다 다르나 서울시의 경우 여러 요건 중 하나인 1981년 12월 31일 현재 무허가 건축물대장에 등재된 뚜껑은 입주권이 나온다. (   )

4. 재개발지에서 주택을 사면 주택 수에 포함되니 토지, 도로, 오피스텔, 상가 등을 매입하는 경우가 있다. 이 경우에도 일정 요건이 맞으면 입주권이 나온다. (   )

5. 재건축 예정 단지의 지분 쪼개기를 한 상가를 사면 무조건 아파트 입주권이 나온다. (　)
6. 조합설립인가 후 1명의 토지 등 소유자로부터 토지 또는 건축물의 소유권과 지상권을 양수하여 여러 명이 소유하는 경우에는 여러 사람을 대표하는 대표 한 사람에게만 조합원입주권을 준다. (　)
7. 한 세대가 한 재개발 구역에 여러 개의 주택 및 토지를 소유한 경우에 그 여러 개의 물건 중 일부를 조합설립인가 후 매수한 사람은 단독으로 조합원입주권을 받을 수 없다. (　)
8. 재개발·재건축 조합원은 조합에 조합원들의 전화번호 등이 담긴 조합원명부를 정보공개 청구하여 받아 볼 수 있다. (　)
9. 재개발·재건축 매물을 매수할 때 최소한의 금액으로 작은 지분을 매수하는 것은 매도 시에 유리하다. (　)
10. 재개발·재건축에서 시공사(건설사)는 재개발·재건축조합(시행사)을 상대로 2가지 방식으로 계약을 하게 되는데, 재개발은 도급제만 가능하고, 재건축은 도급제와 지분제 중에서 선택할 수 있다고 한다. 도급제는 쉽게 말해 시공사에서 아파트를 짓고 공사비만을 받아 가는 것이고, 지분제란 시공사에서 시행사의 역할까지 대신 해 주는 방식으로 아파트 공사와 아파트의 분양까지 모두 도맡아서 하는 방식이다. 즉, 지분제 방식은 시공사에서 이 정비사업장이 이익이 많이 날 것으로 판단되면 무상지분율을 높게 제시하여 자신들이 나서서 해 보겠다는 것이고, 이 정비사업장은 공사비도 제대로 못 받겠다고 판단되면 도급제를 원하는 것이다. 따라서 시공사는 건설 경기가 좋아 분양이 잘되는 시기라면 지분제 방식을 선호하고, 경기가 침체되어 분양이 잘 안 될 거라고 판단되면 도급제를 원하게 된다. (　)

작가가 드리는
재개발·재건축 관련
특별 OX 문제
정답 및 해설

1. ○

2. ○

3. ○. 1981년 제2차 촬영한 항공사진에 나와 있는 무허가건축물 요건 등 서울시 조례에 따른다.

4. ○. 지자체마다 다르나 서울시 조례로 본 '토지'의 경우 도로로 쓰였건 대지로 쓰였건 상관없이 90㎡ 이상을 소유한 경우(구역 내 여러 필지의 토지를 갖고 있는 경우 모두 합하여 90㎡ 이상인 경우도 해당), 30~90㎡ 미만의 토지('과소토지'라 한다)를 소유한 경우에는 세대원 전원이 사업시행인가 고시일로부터 공사완료 고시일까지 무주택이어야 하고, 1필지여야 하고(분할된 토지라면 권리산정기준일 이전까지 분할 등기된 경우) 지목이 도로이며 도로로 이용되는 경우가 아닐 것. 이 3가지가 충족되어야 한다. 다음으로 '오피스텔'의 경우 서울시 조례 기준으론 2008년 7월 30일 이전 정비계획을 주민에게 공람한 경우 입주권이 나온다고 본다. '상가'의 경우 재건축은 상가조합원의 권리차액(상가 조합원 신규 분양가-종전 재산가액)이 재건축 단지에서 분양하는 주택의 최소 분양가에 산정비율을 곱한 값보다 커야 아파트 입주권을 받을 수 있다. 즉 산정비율이 낮을수록 상가 조합원이 아파트를 받을 가능성이 높아진다. (강남 일부 단지는 산정비율을 1에서 0.1로 낮추어 줌으로 해서 상가 소유자들에게 아파트 입주권을 부여했다) 재개발에서는 단지에서 분양하는 주택의 최소 분양가보다 종전 상가의 권리가액(종전자산평가액 × 비례율)이 높으면 입주권이 주어진다.

5. ×. 재건축 단지의 상가도 1개의 동으로 보아 동별 동의율 요건 50% 이상이 되어야 조합설립인가가 가능한 건 사실이나, 상가 하나를 여러 명이 쪼개어 갖게 되면 조합원 수가 늘어나 사업성이 떨어지게 되는데 사업성도 없는 재건축을 어떤 조합원이 찬성하겠는가? 따라서 아파트 입주권을 무조건 받지는 못할 것

같다.

6. O. 〈도시정비법〉 제 25조 1항에 명시된 사항

7. O. 2023년 6월 대법원은 여러 개의 물권을 가진 1세대로부터 일부를 매수한 양수인에게 단독입주권을 주지 않는다고 판결했다. 단, 조합설립인가 이후의 경우에 해당되고, 조합설립인가 전까지는 단독입주권이 나온다.

8. O. 지금은 SNS 등의 단톡방이 활성화되어 웬만한 조합원은 단톡방에 가입해 정보를 서로 공유하고 조합을 감시하는 역할을 하지만, 과거에는 전국에 흩어져 사는 조합원 간의 소통이 원활하지 못했다. 그래서 정보공개 청구를 통해 명단을 확보하는 것이 가능했으나, 조합에서는 이 핑계, 저 핑계로 조합원명부를 개인정보라며 공개하지 않으려고 하나, 대법원 판결(2021년 2월)로 정보 공개 대상에 해당된다.

9. O. 재개발·재건축 매물을 매수할 때는 정비사업이 완료될 때까지 가져갈 수도 있으나, 정비사업 진행 중에 매도할 수도 있기에 가벼운 지분으로 조합원 자격을 얻는 매물이 유리하다.

10. O. 시공사 입장에서는 손해 보려고 하지 않고 이익을 원하는 것은 당연하다. 마찬가지로 조합이 단합이 잘되고, 투명한 조합이라면 지분제 방식을 통해 직접 분양도 하고 사업의 주체가 되는 것도 중요하다. 실제 강남의 일부 단지들이 지분제를 통해 조합원들의 수익을 극대화한 사례가 계속 나오고 있다.

실전 100문제 1회 문제요약
(총 100문제)

1. 중소기업에 다니는 청년 L 씨는 집을 살 수 있을까? 下
2. 지방에서 올라와 라이더의 삶을 사는 청년 J 씨는 내 집 마련을 할 수 있을까? 中
3. K 씨는 미처 생각지도 못한 상가 운영비에 멘붕이 왔다고? 下
4. J 씨가 퇴직 후 경기권의 전원주택에 살다가 서울에 못 올 뻔한 사연은? 中
5. 상가랑 (   )을 누가 제값 주고 사니? 上
6. 이주자택지에 내가 얼마를 투자했는데 아파트보다도 한참을 덜 올랐다고? 上
7. 경매공부 10년 했는데 왜 이리 괜찮은 아파트는 낙찰이 안 되는 거야? 中
8. 전세사기 안 당하려면 필독해야 된다고? 下
9. 재건축이 재개발과 다른 게 뭐지? 上
10. 강남 빌라가 왜 가치가 있는 거냐고? 下
11. 한강공원·용산공원이 개발되면 도봉구 사람이 많이 이용할까, 용산구·강남구 사람이 많이 이용할까? 下
12. 멀티플레이도 안 되면서 무슨 부동산으로 돈을 번다 그래? 上
13. (   ) 대출은 은행에서 대출해 주려고 환장한 대출이라고? 下
14. 부동산 사장님과 매수예정자 얘기만 엿들으면 그 어렵다는 재개발·재건축 개념 정리는 끝난다고? 中 (재개발·재건축 완전정복 대화형 문제)
15. 목동·상계동이 재건축되면 서민들은 과연 좋을까? 下
16. 경전철 신림선이 왜 이리 센 거야? 中
17. 상가랑 토지는 양도소득세 비과세가 있다? 없다? 上

18. 서울 25평의 미래가 경기권 25평의 미래에 선행할까? 下
19. 주택을 취득할 수 있는 권리로 부동산 취득세 절세해 볼까? 上
20. 이거 아니? 무늬만 복층 오피스텔? 下
21. 부동산 거래하는데 단지 내의 부동산에만 내놓는다고? 下
22. 입주권이 일반 분양가보다 더 비싼데 이걸 사라고? 上
23. 부동산도 하나를 알면 열을 알게 될까? 中
24. 컴퓨터는 하드웨어, 소프트웨어가 뭔지 알겠는데, 부동산은 하드웨어와 소프트웨어로 못 나누나? 中
25. 대한민국은 아파트공화국이래. 근데 좋은 걸 어떡해? 下
26. 신도시 시범 단지 당첨되면 뭐가 좋은 거야? 上
27. 중학생 아들·딸아, 빨리 청약통장 가입하러 가야지? 下
28. 모아타운 예정지 믿고 투자했다가 쪽박 찰 수도 있다고? 中
29. 아! 프랜차이즈 혹시나 했는데 역시나였구나? 中
30. 부동산계의 S클래스는 뭐야? 上
31. 세계적인 도시들의 인구수와 면적이 이 정도라고? 下
32. 본인이 10년 이상 살 집을 아무 데나 산다고? 中
33. 우리가 분양계약률을 왜 알려 줘야 되지? 中
34. 이것들 샀다가 망한 사람 한둘일까? 下
35. 주식도 아니고 (　)년 내에 뭘 바래? 中
36. 아파트 단지가 놀이공원 같다고? 上
37. 부동산 낱말퀴즈, 이 정도는 알아야 퀴즈박사지! 下
38. 지하철이라고 다 같은 지하철이 아니잖니? 中
39. 조합장이 뭔데 무소불위라고? 中

40. 최고급 주거 단지가 될 건데 용적률 따위야! 上

41. 서울, 경기 지명도 모르면서 어딜 임장 다녔다고 자랑이니? 中

42. 판교, 일자리 많아서 좋지. 근데 다 거기서 못 살잖아? 上

43. 오피스텔 25평이라는데 이게 뭐야, 왜 이리 작냐고? 下

44. 경기 북부도 출퇴근 시간대 지하철 운행 좀 촘촘히 해 주면 안 되니? 下

45. 주택임대사업자 관리규정 머리에 쥐 난다, 진짜! 上

46. 임대는 안 나가고 애꿎은 이자만 나가는데 난 어쩌라고? 中

47. 쩐 부동산전문가들만 한다는 건설임대사업자가 뭐야? 上

48. 저 건물은 층이 올라갈수록 면적이 작아지게 계단식으로 올렸네. 왜 저렇게 지었지? 上

49. 아! 달러, 긴축, 경착륙, 인플레이션 내가 이런 거 알아야 되나? 上

50. 서해선에서 환승해서 판교 갈 수 있을까? 中

51. 종신보험 40년짜리 이자가 왜 이래? 물가상승률은커녕 물가에 비해 원금도 안 되잖아? 下

52. 친구 따라 강남 갈 땐 좋았는데 올 땐 어떻게 오지? 中

53. 부담부증여 그게 뭔데 상황에 따라 유불리가 다르다고? 上

54. 순간의 선택이 뭐가 어쨌다고? 中

55. 뉴욕 원룸 월세 500만 원, 서울도 이럴 날이? 下

56. 역대 정부 부동산정책이다. 이 정도는 알아야지? 中

57. 서초구 크기가 용산구 크기의 몇 배나 된다고? 中

58. 미혼청년특별공급이 뭔지 모른다고? 下

59. 내가 만든 부동산 1인 법인에서 내가 왜 돈을 맘대로 못 빼? 中

60. 세금 좀 아끼려다 자식 망치는 꼴이라니! 上

61. 삼성동 아이파크, 도곡동 타워팰리스 둘 다 (　)분양이 났었다고? 下
62. 과세당국이 활용하는 정보가 이렇게 정교하다고? 上
63. 사전청약 분양가가 픽스(fix)가 아니라며. 근데 무주택은 유지하라고? 下
64. 100점 만점이 아니라 총 84점 만점 제도가 있다고? 下
65. 우리나라 남향 선호 현상은 언제까지 갈까? 上
66. 주거용 오피스텔 샀다가 세금 더 내면 어떻게 하지? 中
67. 아파트 단지 내 (　)장 그게 뭔데 아파트 값이 왜 이래? 下
68. 내가 살기 좋으면 그만이지, '왜 남을 신경 쓰고 살아'가 아파트에도 통할까? 下
69. 거짓말 조금 보태 금보다 빨리 팔리는 아파트가 있다고? 中
70. 내가 이래 봬도 잘나가는 전문직 싱글인데 아파트 인프라 누리고 살아야지! 下
71. 재개발 정비구역지정은 안 됐어도 싸기만 하면 그만일까? 上
72. 분양권 취득 후 종전주택 비과세 받는 것도 모르면서 무슨 돈을 벌어? 中
73. 집값도 2배, 이자도 2배. 과연 이중고를 넘어 수익을 낼 수 있을까? 下
74. 'ㅇㅇㅇ전자' 1주가 5만 원일 때 사 둘걸! 下
75. 신축빌라 분양받았다가 나락 가 본 적 있니? 下
76. 화장실 들어갈 때랑 나올 때랑 어떻게 같니, 서울시가 뭐라고 해도 막을 거라고? 上
77. 이번 정부는 재건축을 팍팍 밀어주는 건가? 中
78. "법인은 (　)세를 얼마나 내요?" 법인은 (　)세 안 내는데요? 上
79. 부동산 로우리스크 하이리턴 가능할까? 下
80. 경기권에서 메인은 아니지만 25평(전용면적 60㎡)을 3억 후반~4억 초반 대에 사면 승산이 있을까? 上
81. DSR(Debt Service Ratio, 총부채원리금상환비율), 제2금융권에서는 더 책정해 준다고? 中

82. 소득이 적은 사람도 주택담보대출 받는 방법이 있다고? 中
83. 골프장 조망과 호수공원 조망, 조망만 하면 되겠니? 이용도 해야지! 下
84. 법인은 주택 수, 규제지역 무관, 취득세 12%(공시가 1억 이하인 경우 제외)랑 종부세가 문제라고? 上
85. 부동산 투자, 구더기 무서워 장 못 담글까? 中
86. 미분양 주택을 양도소득세 100% 감면을 해 줬다고, 설마? 上
87. 부동산 증여는 빠를수록 좋다는데 왜 그런 거야? 中
88. 강남에 왜 그 많은 돈을 깔고 사는 거지? 上
89. 연령대별(30대, 40대, 50대, 60대) 투자방법대로 하면 돈 벌 수 있다고? 中
90. 분양가의 10%만 있으면 10%도 회수 가능하고 내 집 마련이 가능하다고? 下
91. 철근 누락은 뭐고, 무량판 구조 지하주차장 기둥 주두부 미흡공사는 뭐고, 건설사들 왜 내 분양을 막냐고! 下
92. 1인 법인 어떻게 만들어? 법인에 감사는 있어야 되지 않나? 上
93. 나도 서울시장이야. 나도 실적이 있어야 뭘 한번 해 볼 거 아니냐고! 下
94. 내가 내 법인에서 월급을 받고 그 소득을 인정받아 대출도 가능할까? 上
95. 며느리, 사위, 손자·녀랑 자식은 증여재산을 상속재산에 포함하여 과세하는 기간이 다르다고? 中
96. 상생임대주택 비과세는 국토부 장관 손에 달렸다고? 上
97. 종부세(종합부동산세), 빌딩 가진 찐 부자는 안 걷고 왜 나만 걷느냐고? 上
98. 집주인 대출이 확정일자보다 하루 빠르다고? 그럼 내 전세금은? 上
99. 부동산 규제지역 왜 이렇게 복잡해? 下
100. 창릉 신도시 조감도만 보면 자족용지의 규모를 알 수 있다고? 上

실전 100문제 1회
(총 100문제)

1. 중소기업에 다니는 청년 L 씨는 집을 살 수 있을까? 下

　중소기업에 다니는 미혼 청년 L 씨는 대략 세후 240만 원의 급여를 받고 있다. 취업한 지는 5년 정도 되었고, 과소비나 즉흥적인 소비를 하지 않기에 그런대로 저축도 조금씩 하며 살고 있다. 부모님께 도움 받은 것도 없고, 딱히 부모님께 손을 벌릴 상황도 아니다. 대학가 근처 직장이 가까운 월세에 거주하던 L 씨는 월세 임대료를 두 번 올려 줬기에 지출에서 차지하는 비중이 큰 것이 월세 임대료였다. 치솟는 임대료와 자고 나면 오르는 집값을 보며 집을 사서 살고는 싶었으나, 5년간 모은 시드머니 3천5백 만 원이 있을 뿐 수억 원에 달하는 집을 산다는 생각은 꿈도 못 꾸고 있는 상황이다. L 씨가 주택을 구입하는 것을 망설이는 이유는 3가지다.

　첫째, 주택 가격이 너무 비싸서(경기 지역 공공분양주택 25평(전용면적 60㎡)이 3억 5천이라 하자) 자금을 마련할 방법을 몰라서, 둘째, 주택을 구매하는 방법이 어떤 것들(공공분양, 재개발 등)이 있는지 몰라서, 셋째, 대출을 받는 것도 어렵고, 받는다 해도 자신의 소득으로는 대출을 갚을 능력이 안 된다고 생각해서였다. 하지만 L 씨는 3억 5천만 원에 공급받은 공공분양주택을 분양받아 잔금을 치르고 시세차익을 본 경우를 친구로부터 듣게 됐다. 친구가 실행한 자금조달 방법과 시세차익을 거둔 사례는 아래와 같다.

　3억 5천에 대한 계약금 (　　)%는 대출이 안 되니 갖고 있던 자금으로 지불했다. 이후 중도금 (　　)%는 시행사에서 알선해 준 은행대출을 통해 해결했고, 입주하면서 계약금을 뺀 3억 1천5백만 원은 40년 만기 주택담보대출을 받아 납입했다. 본인이 5년간 거주했고, 그사이에 주변의 민간아파트를 훨씬 비싸게 분양하면서 주변 시세가 올라 5년 후 이자와 취득세를 제외하고도 양도세는 비과세였기에 시세차익을 보고 집을 팔았다. 친구의 사례를 듣게 된 미혼청년 L 씨는 5년 만에 1억 5천만 원을 벌었다는 말에 자신이 5년간 번 돈보다 훨씬 많은 것에 일손이 제대로 잡히질 않았다. 하지만, 본인도 가능하지 않을까란 생각으로 친구에게 메밀냉면을 사 주며 뭐부터 시작해야 되느냐고 묻자 무조건 청약통장부터 만들라는 말을 듣게 되었고, 아울러 청약통장은 집을 분양받는 것도 가능하지만 청년임대주택 등의 임대주택을 신청하기 위해서도 꼭 필요한 통장임을 듣게 되었다.

2. 지방에서 올라와 라이더의 삶을 사는 청년 J 씨는 내 집 마련을 할 수 있을까? 中

지방 출신인 J 씨는 대학을 졸업하고 중견기업에서 일하다 근무시간과 급여 등에 만족하지 못하고 배달 라이더의 생활을 시작했다. 배달 라이더의 일이 고되고 힘들긴 해도 누구의 간섭 없이 일하고 일한 만큼 버는 것이 젊은 J 씨로선 만족할 만했다. 문제는 주거였다. J 씨는 일의 특성상 배달이 많은 도심에서 일해야 하는데 도심의 월세가 만만치 않기 때문이었다. 월세가 점점 올라 월세 감당이 힘들어 열악한 고시원에서 생활을 하고 있는 터였다. J 씨는 결혼도 해야 하고 단란한 가정을 꿈꾸는데 내 집 마련은 요원한 것일까? J 씨가 5년 내에 실거주 및 가치 있는 집을 마련할 방법에 가까워지는 것이 아닌 것은?

A. 청약통장을 만들어 가장 많이 넣을 수 있는 한도인 매달 10만 원을 넣는다.

B. 거주비를 아끼기 위해 청년매입임대주택에 청약해서 거주한다.

C. 계약금 10% 정도를 모아서 미혼청년주택특별전형이나 토지임대부주택 등 입지 대비 분양가가 싼 곳이 나오는 대로 청약해 본다.

D. 전세를 끼면 돈이 한 푼도 안 든다는 경기 외곽의 신축빌라 모델하우스를 자주 구경 간다.

3. K 씨는 미처 생각지도 못한 상가 운영비에 멘붕이 왔다고? 下

　K 씨는 30년간의 직장생활을 마치고 은퇴 후 경기권에 18평짜리 카페를 오픈했다. 코로나의 여파를 이기지 못해 권리금을 포기한 카페를 권리금 없이 인수했기에 반은 성공했다는 생각으로 자신이 넘쳤다. 월세는 300만 원으로 경기권에서도 나름 중간 상권에 위치한 곳이었다. K 씨는 월세, 직원급여, 상가일반관리비를 큰 지출로 보고 매출 대비 수익률을 계산해 보니 매월 400만 원 정도는 수익이 날 것으로 예측했다. 하지만 직접 카페를 운영해 보니 생각지 않은 비용이 300만 원을 육박했다. K 씨는 깜짝 놀라 다시 계산기를 두들겨 보고 또 두들겨 봤지만, 계산은 틀리지 않았다. K 씨가 간과했던 비용들이 아닌 것은?

A. 공과금(가스비, 전기세, 수도세, 전화세 등)

B. 직원 인건비로 들어가는 추가비용(직원 4대보험료, 직원 퇴직금, 직원 식대 및 보너스, 휴일 및 야간수당)

C. 카페 운영비(카드 수수료, 결재단말기 사용료, Wi-Fi 사용료, 세무대행비, 정수기비, 배달대행 수수료, 매장 보험료, 벌레 퇴치 업체비, 광고비, 상인협회비, 소모품비 등)

D. K 씨 본인의 심신 관리를 위한 자기계발비

E. 세금(부가가치세)

4. J 씨가 퇴직 후 경기권의 전원주택에 살다가 서울에 못 올 뻔한 사연은? 中

J 씨의 사례다. (사례는 많으나 일부 사례를 예로 든 것뿐이다) J 씨는 최근 정년퇴직을 했다. 그간 35년의 교사 생활을 마치고 은퇴를 한다니 가슴이 벅차올랐다. 이제 정말 내가 하고 싶은 거 하고 살자. J 씨는 퇴직금으로 경기도에 전원주택을 짓고자 땅을 사고 건축은 내가 한다며 많은 노력과 시간을 투자해 좋은 자재를 써서 집을 지었다. 처음 몇 개월간은 내가 지은 집에서 내가 산다는 게 너무도 행복했다. 그러나 바야흐로 겨울이 다가왔고, 시골이라 추운 걸 감안해 난방에 많은 비용을 들여서 실내에 난로도 설치하고, 나무 보일러도 놓았기에 난방비는 자신이 있었지만, 시골의 겨울은 생각보다 난방비가 많이 나왔기에 서울 생활과 달리 3개의 방을 전부 난방하지 못하고 살고 있었다. 평소 책을 즐기며 서재에서 사색에 잠기는 것을 좋아했으나, 난방비 걱정에 마루에서 TV만 보는 날이 많아졌다. 동네는 손바닥만 하여 근처 5일장을 즐기곤 했는데, 이마저도 시간이 흐르니 거의 같은 품목의 먹거리와 물건뿐이었다. 문화생활을 위해 색소폰도 배워 보고, 지역 모임도 가 보았으나, 문화의 차이인지 외롭기는 마찬가지였다. 아내와도 점점 소원해졌고, 생활은 엉망이 되어 갔다. J 씨는 무엇을 간과하였기에 막대한 돈을 들여 경기권에 집을 짓고도 반의 반값도 받지 못하고 쫓기듯이 전원주택을 정리하였을까? 그사이 서울의 집값은 상상을 초월할 정도로 올라 있었다. 그가 다행히 서울 노원구 상계동의 18평 아파트를 팔지 않았기에 망정이지, 경기 외곽으로 집을 구할 판이었다. 도심에서 전원주택으로 이주 시 정착하기에 가장 좋은 사람은 (   ) 출신 사람으로 실제 농사를 지었던 사람이면 더욱 전원주택에 정착하는 것이 유리하다.

5. 상가랑 (   )을 누가 제값 주고 사니? 上

　상가나 (   )은 경매로 사라고들 한다. 상가의 경우 최초 분양가보다 50% 이상 떨어져 낙찰되는 경우도 수두룩하고, (   ) 역시 낙찰가가 낮은 경우가 많다. 이유는 많겠으나 상가나 (   )은 아파트나 기타 주거용 부동산에 비해 그 수요가 제한적이란 것이 이유일 것이다.

6. 이주자택지에 내가 얼마를 투자했는데 아파트보다도 한참을 덜 올랐다고? 上

　A 씨는 신도시 택지지구 내 땅을 소유한 원주민이었기에 주택공사로부터 이주자 택지를 분양받아서 P(프리미엄)를 받고 팔까 하다가 본인이 직접 지어 보겠다고 건물을 올렸다. 총 3층 건물(택지마다 층수 제한이 있다)을 땅값 포함 9억 원에 지었다. 세월이 흘러 10년이 지나니 건물 곳곳에서 하자가 발생하고, 1층 상가는 공실과 임대가 반복되며 속을 썩이더니 결국 카센터가 들어와 5년째 영업을 하고 있다. 월세는 겨우 1억 원에 200만 원이다. 임대현황은 상가와 2층의 전세를 합쳐, 보증금 5억에 200만 원의 월세를 받고 있다. 총 9억 원을 들여 지었는데 4억 원이 10년째 회수되지 않고 있다. 물론 4억 원에 A 씨가 거주를 하고 있는 것이니 이 또한 수긍이 되는 부분이다. 하지만 문제는 이 집을 팔려고 내놓으니 11억 원밖에는 못 받는다고 한다. 아니, 10년 전에 9억 원이 원가인 집을 지금 11억 원에 팔라니 A 씨는 화가 나 부동산 사장을 다시는 보지 않겠다고 다짐하고 왔다. 하지만 실거래가를 조회해 보니 내 집보다도 더 평수가 크고 멋지게 지은 집도 12억 원에 팔렸고 그것도 겨우 팔린 것이라는 것을 알게 됐다. 집을 지을 당시 택지 지구 내의 아파트 34평(전용면적 85㎡) 분양가는 3억 원이었다. 지금 아파트 값은 8억 원을 호가하고 있는데 자신은 약 3배의 돈을 투자하고도 수선비 등을 제외하면 거의 원금을 회수하는 것이었다. 결국 A 씨는 뭔가가 잘못됐다고 생각했지만 되돌릴 수 없는 자산의 손해를 보고 말았다.

　여기서 A 씨의 상가가 카센터나, 영세 가내수공업의 사업자가 임차하는 곳이 아니라, 택지 지구 내의 중간 정도의 상권이 형성된 상가였다면 A 씨는 아파트 투자에 비해 손해를 보지 않았을까?

(　　　　　　　　　　　　　　　　　　　　　　　　　　　　　　　　　)

7. 경매공부 10년 했는데 왜 이리 괜찮은 아파트는 낙찰이 안 되는 거야? 中

　A씨는 경매로 아파트를 사고자 한다. 25평(전용면적 60㎡) 경기권의 등기가 난 새 아파트가 경매로 나와 열심히 권리 분석을 하고, 내부는 보지 못했으나 수익이 날 것이라고 판단해 입찰을 했다. 입찰가가 거의 시세에 준하게 당첨이 됐다. 그 이유는 (　　)이 높고 아파트 실거래가가 많이 공개되어 있기에 입찰자들의 예상 낙찰가가 크게 빗나가지 않기 때문이다. A 씨는 결국 부동산의 급매보다도 못한 낙찰가격을 받아들고서야 인기 있는 지역의 선호 평형은 경매로 낙찰 받는 것보다도 급매로 사는 것이 낫다는 것을 알게 되었다. 그래서 경매로 인기 있는 아파트를 단순히 싸게 사려고 할 것이 아니라, 미래가치가 있는 아파트를 보는 눈을 키우는 게 경매보다 선행되어야 한다는 것을 알게 되었다. 비록 부동산 시세로 낙찰 받는다고 해도, 혹은 2020년 김포 소재 아파트 낙찰가가 신고가를 경신하는 사태까지 나왔다 하더라도 그 아파트가 신고가에서 더 오를 수 있는 아파트라면 신고가에 낙찰 받았다 하더라도 승산은 있기 때문이다.

8. 전세사기 안 당하려면 필독해야 된다고? 下

대표적 전세사기 유형으로 법의 처벌을 면하기 어려운 경우이다. 틀린 것은?

A. 갭이 적은 합법적인 물건을 여러 채 갭투자를 한 후에 새 임차인으로 돌려막기 하다가 세입자를 찾지 못해 주인이 파산하는 경우

B. 주인에게 계약을 위임받은 대리인이 월세를 전세로 속여 보증금을 중간에 가로챈 경우

C. 임대차 계약을 확정일자 받기 전에 2중, 3중으로 하여 가로채는 경우

D. 임대인이 신탁회사에 주택을 신탁하고 나서 사실상 주인은 신탁사임에도 본인이 권리가 있는 것처럼 속이는 경우

E. 노숙자를 주인으로 둔갑시켜서 임대를 놓고 파산 선고하는 경우

9. 재건축이 재개발과 다른 게 뭐지? 上

재건축은 재개발사업 절차에는 없는 정비구역지정 전 사업단계가 있다. 괄호를 채우시오. (　　　) 진단 → 정비구역지정 → 조합설립인가 → 사업시행인가 → 관리처분계획승인 → 이주 및 착공

10. 강남 빌라가 왜 가치가 있는 거냐고? 下

　현재 강남 소형빌라가 서울 외곽이나 경기 지역 아파트와 가격이 비슷하다. 그러나 향후 강남 빌라가 더 가치 있을 것이라고 주장한다면 무슨 근거로 설명할 수 있는가?(강남에서 빌라가 재개발 혹은 단독주택 재건축이 된다 해도 추가분담금이 얼마가 나올지 알지 못하는데 말이다)

　A. 희소성 측면에서
　B. 무상으로 아파트를 줘서
　C. 다른 지역에 비해 인허가 절차가 빨라서
　D. 규모가 5천 세대 이상 대규모라서

11. 한강공원·용산공원이 개발되면 도봉구 사람이 많이 이용할까, 용산구·강남구 사람이 많이 이용할까? 下

　한강변을 개발한다고 하면 성수동이나 기타 한강 주변이 엄청난 편의시설로 탈바꿈할 것 같다. 용산공원 역시 개발이 된다면 한남 뉴타운 등 근처 지역이 수혜를 볼 것 같은가? 아니면 강북 끝에 있는 도봉구 주민들이 혜택을 더 받을 것 같은가?

　(　　　　　　　　　　　　　　　　　　　　　　　　　　　　　　)

12. 멀티플레이도 안 되면서 무슨 부동산으로 돈을 번다 그래? 上

다음의 부동산 구매자들이 있다. 돈을 많이 벌 확률이 높은 실거주 및 투자자는?

A. A 씨는 재개발·재건축예정지에 들어가 몸테크로 20년을 살아서 재개발·재건축의 달콤함을 맛봤다.

B. B 씨는 신도시 입지가 별로인 주공아파트 작은 평형을 분양받아 계속하여 살고 있다.

C. C 씨는 부모님이 물려주신 경기권의 C급 입지의 준구형 아파트에 계속 살고 있다.

D. D 씨는 서울 일반분양과 재개발·재건축을 넘나들며 일시적 1가구 2주택 등을 활용해 세금을 절세하며 계속해서 상급지로 갈아타고 있다.

E. E 씨는 직장 관계로 경기 외곽에 근무하게 되면서 자녀들이 초등학교에 진학하자 이사하지 못하고 경기 지역에 머물고 말았다.

F. F 씨는 직업이 군인(국가직 공무원, 대기업 기술직)이라 지방에 발령을 받아 근무하던 중 그 지역 토박이 여직원과 결혼한 후 지방 중소도시에 집을 구매하여 살고 있다.

G. G와 E 씨는 맞벌이 부부로 영끌하여 서울 마포, 성동, 자양 등에 준하는 입지에 새 아파트 25평(전용면적 60㎡) 이하를 구매하여 각종 인프라를 누리며 부동산 하락기에도 갈아타지 않고 지금까지 이사하지 않고 10년째 살고 있다.

13. ( ) 대출은 은행에서 대출해 주려고 환장한 대출이라고? 下

　신규아파트에 입주를 위해 대출을 앞두고 있는 사람은 그 신규아파트를 재개발지분으로 샀건, 재건축지분으로 샀건, 일반분양을 받았건 간에 대출에 있어서 상당히 유리한 측면이 있다. 그게 바로 ( ) 대출을 받을 수 있기 때문이다. ( ) 대출은 은행에서는 해 주고 싶어 안달이 난 대출로 장기로 받을 수 있고 금리도 개인이 받는 것보다 저렴하다. 이 대출은 무슨 대출로 불리는가? 괄호에 공통되는 단어를 쓰시오.

14. 부동산 사장님과 매수예정자 얘기만 엿들으면 그 어렵다는 재개발·재건축 개념 정리는 끝난다고? 中

재개발·재건축 구역 매수를 위한 공인중개사와 매수예정자의 대화내용이다.

• 문의 사례 1

매수예정자 : 안녕하세요, 사장님. 전 노원역 근처의 아파트에 전세로 살고 있습니다. 주택청약이 계속 떨어져서 더 늦기 전에 재개발·재건축을 사고 싶은데 정비사업에 대해 잘 몰라서요. 몇 가지 질문 드려도 될까요?

사 장 님 : 물론입니다. 현재 노원구에는 상계동 재정비촉진지구(뉴타운) 재개발과 상계주공아파트 재건축이 동시에 진행되고 있기에 재개발이건 재건축이건 어떤 정비사업을 물어보셔도 답변이 가능합니다.

매수예정자 : 재개발·재건축은 일반분양에 비해서 어떤 이익이 있기에 소위 부동산 좀 한다는 사람들은 재개발·재건축에 관심이 많은 건가요?

사 장 님 : 재개발·재건축이 인기가 많은 이유는 청약처럼 경쟁이 없다는 겁니다. 돈을 주고 재개발·재건축 지분을 사는 것이기에 일정 조건에 맞는 조합원이라면 누구에게나 일반분양보다 우선해서 아파트를 분양 받게 되지요. 그것도 일반분양에 비해 보통은 20~25% 정도 싸게 분양 받게 됩니다. 부동산 호황기 때는 재개발·재건축 지분 가격이 일반분양가에 버금가게 올라도 재개발·재건축을 매수하는 경우도 많습니다. 인기 지역의 경우 청약당첨이 어렵기 때문에 경쟁 대신 재개발·재건축 입주권을 매입하여 일반분양 후 상승되는 마진을 가져가려고 하는 겁니다.

매수예정자 : 그렇군요. 그런데 재개발과 재건축의 차이는 뭔가요, 사장님?

사 장 님: 재개발과 재건축의 차이는 여러 가지가 있지만, 첫째는 투자되는 금액의 차이가 있습니다. 재건축은 투자금액이 재개발에 비해 더 많이 들어갑니다. 재개발의 경우 대표적으로 빌라를 매수하게 되지만, 재건축의 경우 아파트를 매수해야 하기 때문입니다. 물론 사업의 단계에 따라 투자금은 다르지만 기본적으로 그렇습니다. 둘째는 정비사업 진행단계인데요. 재건축은 정비구역 지정 전에 안전진단이라는 단계가 있습니다. 안전진단이라는 말은 꽤 많이 들어 보셨을 겁니다. 노원구의 경우 상계주공 1·2·3·6단지 등 10여 개의 단지가 통과된 것으로 알고 있습니다. 정부정책에 따라서는 안전진단의 기준을 강화해 재건축의 진행단계가 늦어지기도 하지요. 셋째는 공공 기여도라고 볼 수 있겠습니다. 기억하실지 모르지만 재개발이 되고 나면 없던 도로가 생기고, 보도가 넓어지고, 주민센터가 단지 내에 생기고, 없던 초등학교가 단지 내에 생기기도 합니다. 이처럼 재개발은 아파트만 올라가는 것이 아니고 주변 지역의 주거환경을 개선하는 역할까지 하게 됩니다. 반면에 재건축은 기존의 주거환경이 어느 정도 정비되어 있기 때문에 아파트만 새 아파트가 되고 주변 환경은 크게 변하지 않습니다.

매수예정자: 사장님, 그럼 저는 어디에 투자를 해야 할까요? 현재 2억 원 정도의 투자금액이 있습니다.

사 장 님: 2억 원이라면 참 애매한 금액이네요. 상계 재정비촉진지구의 사업시행인가가 난 곳 정도에 조합원지분을 겨우 구할 수는 있을 것 같고, 안전진단이 통과된 재건축 단지의 경우 조금 부족한 금액으로 보이네요.

매수예정자: 그런가요. 그럼 저는 자금을 더 마련해 재건축을 투자하는 게 나은 건가요?

사 장 님: 현재 시점(2024년 1월)에서 상계동 재개발이 더 수익률이 좋으냐,

재건축이 더 수익률이 좋으냐를 비교해서 어디가 수익률이 좋다고는 말씀드리기가 어렵네요. 하지만 지금은 공사비가 경기불황과는 관계없이 치솟고 있기 때문에 더 빠른 곳을 매수하는 게 낫다고 판단이 됩니다. 진행단계가 비슷하다고 할 때, 재개발은 지분이 작은 도로나, 소형 빌라 등을 매수할 때 P(프리미엄)와 소형 빌라의 가격이 더해지지만, 재건축의 경우 P(프리미엄)와 아파트 가격을 더해야 하기에 투자금액은 상당한 차이가 있습니다. 초기단계인 상계동 주공아파트를 긴 안목을 갖고 매수하는 것도 방법이지만, 2억 원의 금액이라면 2024년 상반기를 주시하다가 상계동 관리처분단계인 재정비촉진지구 재개발 정비사업을 노려 보는 것도 방법이 되겠습니다만, 원 조합원들도 어렵게 관리처분단계까지 와서 P(프리미엄)를 무작정 낮출 수는 없을 것이고, 조합원 분양가는 높게 책정되어서 투자를 권해 드리기가 어려운 게 현실이네요.

매수예정자 : 사장님, 그러면 제가 상계 재정비촉진지구를 2억 원의 자금으로 투자한다면 얼마의 가격에 아파트를 받을 수 있는 건가요?

사 장 님 : 재개발이라는 정비사업을 투자하기 위해선 미래의 가치를 판단할 줄 알아야 합니다. 즉, 현재 내가 산 조합원의 지분의 총가는 얼마이고, 주변 아파트의 시세는 얼마인가를 판단해서 향후 입주 시 내 아파트의 시세를 예측할 수 있어야 하는데요. 상계 '△△△' 구역의 경우 6~7년 후에 완공될 것으로 예측되는데요. 주변의 비교대상이 되는 아파트와 본인이 산 조합원지분을 비교해 보면 비싸게 산 건지, 싸게 산 건지 판단이 될 것으로 봅니다.

자, 그럼 한번 비교해 볼까요? 상계 6구역을 재개발해서 완공된 노원 '롯데캐슬 시그니처'라는 아파트가 2023년에 입주한 아파트군요. 이 아파트의 현재 시세는 34평(전용면적 85㎡)의 경우 부동산 사이트 매물 기준 12억 원 전후로 보입니다. 그렇다면 12억 원을 기준으로 놓겠습니다. 여기에 매수하실 상계 '△△△' 구역의 34평(전용면적 85㎡)에 들어갈 수 있는 빌라 지분을 11억 원에 산다고 가정해 보겠습니다.

조합원분양가 9억 원(자신이 갖고 있던 빌라를 감정평가 받아 산출된 감정평가금액 2억 + 조합원 분양가가 9억 원이니 아파트를 받기 위해 추가로 내야 할 돈 추가분담금 7억 원) + 조합원 지분을 사기 위해 지불해야 할 프리미엄 2억 원 = 11억 원이 됩니다. (평가금액이 거의 없는 무허가 건축물(일명 뚜껑)을 투자 시 감정평가 금액이 거의 없어 프리미엄 2억 원만 지불하면 되니 현금 2억 원이 필요합니다)

그럼 '노원롯데캐슬시그니처' 새 아파트의 가격은 12억 원, 조합원지분 가격은 11억 원이 됩니다. 가격 차이는 1억 원이 되겠네요. 6, 7년 후에 완공되는 아파트의 가격을 미리 11억 원에 매수하는 것인데 그 사이의 금융 비용과 기타 비용 등을 감안해서 11억 5천만 원을 주고 산다고 가정하면 6, 7년 후에 적어도 12억 원이 넘는다는 확신이 있다면 구매하는 데 문제가 없을 것입니다. 6~7년 후에 현재 새 아파트보다도 더 새 아파트가 되니 12억 원 이상을 넘어 14억을 예측한다면 구매하는 데 망설일 이유는 없을 겁니다. 하지만 현재의 부동산 침체기가 10년 이상 지속되며 향후 지어질 아파트가 10억 원도 안 된다고 생각하면 구매할 이유는 없을 겁니다. 보통 재개발에 투자해 본 투자자들은 복잡한 용어나 계산방식도 어느 정도 알고 있겠지만, 조합에서 조합원들에게 조합원 분양가(일반분양을 하기 전에 조합원들에게 먼저 분양을 하고, 남은 것을 일반분양하게 된다)를 통보했을 때 3가지 금액만 알면 재개발을 사야 할지, 사지 말아야 할지 예측이 가능합니다.

- 감정평가금액(조합원이 소유한 부동산을 감정평가기관에서 평가한 금액)

- 조합원 추가분담금(감정평가금액만 주고 새 아파트를 받을 수 없으니 추가로 내야 할 금액, 반대로 큰 지분을 갖고 있어서 감정평가금액이 새 아파트를 받는 가격보다 크다면 환급금으로 돌려받음)
- P(프리미엄, 조합원의 지분을 사기 위해 얹어 줘야 할 금액)

여기에 사업성이 좋아서 이익이 많이 나면 조합원의 추가분담금은 줄어들게 되는데 이를 '비례율이 100%보다 높다.'라고 표현합니다. 재개발사업을 완공하고 보니 지출(공사비의 지출이 가장 크다)된 사업비보다 수입(조합원과 일반분양자들에게 분양하고 남은 수익이 가장 크다)이 더 크다면 당연히 조합원들이 내야 할 추가분담금은 줄어들게 되는 것이지요. 반대로 사업성이 떨어져 적자가 났다면 조합원들이 추가로 부담금을 더 내야 할 것이고 이를 비례율이 '100%보다 낮다.'라고 표현합니다.

매수예정자 : 아! 그렇군요. 조합원분양가니, 감정평가니, 비례율이니, 추가분담금이니, P(프리미엄)니 생소한 단어다 보니 참 어려웠는데 쉽게 설명을 해 주신 것 같습니다. 그런데 사장님, '권리가액'이란 표현도 쓰던데 권리가액은 무슨 뜻인가요?

사 장 님 : 좋은 질문이시네요. '권리가액 = 감정평가액 × 비례율'입니다. 아까 말씀드렸듯이 '감정평가액'이란 친구는 고정되어 그대로 있는데 비례율이라는 친구가 올라가면 권리가액도 올라갑니다. 반대라면 권리가액도 떨어지겠지요. 그래서 흔히 부동산 사장님들이 재개발 매물을 설명할 때 손님들에게 감정평가액은 1억이지만 향후 사업이 잘돼서 비례율이 올라간다면 권리가액도 높아져 추가분담금이 적어져서 그만큼 싸게 산다고 하는 것입니다. 그러나 이것은 말 그대로 추정입니다. 재개발 사업은 끝나 봐야 아는 것이고, 그사이에 어떤 변수

가 있어 추가비용이 들어갈지 모르기 때문입니다. 따라서 비례율이 120% 정도로 높다고 추정한다고 해서 지켜지는 사업장은 그리 많지 않습니다. 제가 경험해 본 바로는 비례율은 100% 언저리에서 맞춰지는 경우가 대부분이고, 추정 비례율에서 올라가는 경우보다 떨어지는 경우가 많습니다. 따라서 비례율에 집착하는 경우 낭패를 볼 수도 있습니다.

매수예정자 : 사장님, 그런데 듣다 보니 비례율이라는 단어가 계속 나오는데요. 비례율이라는 건 무슨 뜻인가요?

사 장 님 : 비례율 = (종후자산평가액 - 총사업비)/종전자산평가액 × 100입니다. 공식을 보시면 알겠지만 비례율이 높아지려면 종후자산평가액이 커지거나, 총사업비가 작아지거나, 종전자산평가액이 작아져야 하겠지요. 그럼 종후자산평가액이 뭐고, 총사업비는 뭐고, 종전자산평가액은 뭔지를 알아야겠지요. 지금 저는 재개발과 재건축에 관해 큰 틀에서 말씀드리는 것이기에 간단하게만 알려 드리겠습니다. 제가 여태껏 드린 말씀을 복기해 보시면 결국 재개발·재건축은 일반분양이 많아서 수익이 높아져야 비례율도 올라간다고 말씀드렸지요. 이 말이 바로 어렵게 표현한 '종후자산평가액'입니다. 정확히 말하면 조합원에게 분양하고 얻은 수익과 일반분양을 하고 얻은 수익의 합입니다. 하지만 조합원에게 비싸게 분양해서 종후자산평가액을 늘린다면 좋아할 조합원은 없겠지요. 그래서 가급적 일반분양가를 높여서 수익을 내려고 하고, 일반분양가를 높여서 분양해도 분양이 잘되는 강남 재건축을 선호하게 되는 것이지요. 다음으로 총사업비야 공사비나 기타 금융 비용 등을 합한 것이니 낮추기가 쉽지 않을 거구요. 공사비를 무턱대고 깎다가는 부실공사가 될 수도 있으니까요. 그럼 마지막으로 종전자산평가액은 뭐냐? 이게 바로 조합원 개개인이 사업이 진행되기 전에 갖고 있던 부동산을 감정평가 받은 금액을 전부 합친 금액입니다. 그럼 눈치

채셨나요? 비례율을 높이려고 종전자산평가액을 줄인다면 자기 재산을 낮게 평가한 걸 좋아하는 소유주는 없겠지요. 결국 일반분양가를 높이는 방법과, 일반분양가를 높이지 못한다면 일반분양의 숫자를 늘리는 방법밖에는 없겠지요.

아이고, 쉴 새 없이 말을 했더니 목이 타네요. 잠시 물 한 잔만 마시고요.

비례율에 대해선 이해가 되시지요. 비례율 공식에서 나온 감정평가금액을 알려면 적어도 사업시행인가 단계 이후에나 추정되기에 그 전 단계에서는, 모든 걸 주변 자료와 과거 자료를 토대로 유추하는 수밖에는 없습니다.

감정평가금액의 경우 어떤 정비사업에서는 '공시지가 × 130%'라고 하기도 하고, 어떤 정비사업에서는 그보다도 더 나온다고 하기도 하나, 보통은 공시지가보다는 30~50% 정도 더 나오는 경우가 많아 어느 정도 예측이 가능하지만, 유추가 힘든 것은 현재 발생하고 있는 공사비나 금융비용 상승으로 인한 조합원 추가분담금의 상승입니다. 1년 사이에도 몇 억씩 분양가가 상승하는 마당에 과거의 예측 자료는 의미가 없어지게 되는 것이지요. 상계동 재개발 지역이나 재건축 단지나 기타 서울, 경기권의 거의 모든 지역이 이런 딜레마에 봉착해 있습니다. 공사비를 상승시켜 달라는 시공사와 못 올려 주겠다는 조합원 간의 갈등은 쉽사리 해결되기 어려운 과제로 보입니다. 무턱대고 시공사를 교체한다 해도 다른 시공사가 마진 없이 공사를 할 리도 만무할 테니 말입니다. 이러한 이유로 서울의 외곽지역 재개발은 당분간은 급매가 출현할 것으로 보입니다. 조합원 추가분담금이 너무 높아졌습니다. 상계동 재개발의 경우 무허가 건물만 소유한 분들도 상당수인데 갑자기 자기 재산을 내놓고도 9억 원이 넘는 돈을 내야 입주가 가능하다고 하니, 현재 상태에서 P(프리미엄)를 낮춰서라도 팔고 빠지려는 사람들이 늘어나게 될 것입니다. 이러한 상황은 누구에겐 기회가 될 수도 있을 것이고, 누구에겐 기회를 날릴 수도 있는 것입니다. 미래의 시세는 누구도 예측을 못 하지만 철저한 분석을 통해 미래의 시세를 예측해 보고 아무리 분석해도 답이 안 나온다면 투자를 멈추고 부동산 경기와 세계경제 상황을 지켜보며 자신의 판단에 따라 투자해야 하고, 지금 같은 상황에선 급하게 움직여선 안 된다고 생각합니다.

매수예정자 : 상세한 설명과 조언 감사합니다. 그렇다면 사장님, 이왕이면 상계주공 'ㅇㅇㅇ' 단지 재건축을 산다면 이익이 날지도 예측을 해 주실 수 있나요?

사 장 님 : 그럼요. 그럼 한번 분석을 해 볼까요? 본격적인 분석 전에 재건축·재개발을 잘 모르는 일반인들이 갖고 있는 편견에 대해 말씀드려 보겠습니다.

재건축은 재개발에 비해서 대부분 낡은 아파트 단지를 재건축하는 것이기에 재개발처럼 단독주택이나, 빌라, 상가주택 등의 건축물보다는 대부분 더 높을 겁니다. 그럼 같은 면적의 땅에 같은 높이로 다시 짓는다면, 재개발은 낮은 건축물들을 허물고 짓는 거니까 사업성이 더 좋겠다고 얼핏 생각할 수 있겠지요. 하지만 다른 문제가 하나 있습니다. 바로 기부채납이라는 복병이 있기 때문입니다. 재개발아파트는 주변 기반기설이 열악한 곳을 개선하기 위해 기부채납(국가나 지방 자치 단체가 기반 시설을 확충하기 위하여 사업 시행자로부터 재산을 무상으로 받아들이는 일)을 많이 하면서 지어야 하는 게 재건축과 다르다고 말씀드렸지요. 재건축도 기부채납을 하긴 합니다. 하지만 재개발에 비해서는 통상적으로 비율이 더 크지는 않습니다. 그래서 아파트를 지을 부지는 재건축에 비해 더 작아지게 되는 겁니다. 아파트를 많이 지어야 조합원이 가져가고도 남을 것이고 그걸 팔아서 정비사업의 이익을 극대화해야 하는데 그게 재건축에 비해 재개발은 적어지게 됩니다. 기부채납 부지의 비율이 중요하다는 건 하나의 예를 들어 이해하기 쉽게 말씀드린 거구요. 재건축이나 재개발의 사업성이 좋기 위해서는 여러 가지 요소가 다 좋아야 합니다. 기부채납 비율에 이어서 다음으로 조합원수에 관해서 한번 얘기를 해 보겠습니다. 재개발·재건축에서 '다가구 지분 쪼개는 걸 금지했대', '상가지분을 쪼개는 걸 금지했대' 하는 얘기를 얼핏 들어 보셨을 겁니다. 이렇게 정비구역에서 지분을 쪼개는(1사람이 소유한 상가, 다가구, 단독주택 등을 여러 사람이 지분으로 나누어 갖는 것) 이유는 각각 아파트를 받고자 하는 행위인데, 이렇게 되면 조합원의 수가 늘어나, 애초에 조합원이 100명일 때 남는 아파트를 분양해 수익을 내야 하는데, 조합원이 200명이 되어 버리면 남는 게 없기에 사업성이 곤두박질치는 건 당연하겠지요. 이처럼 재개발·재건축에서 조합원 수는 매우 중요합니다. 그래서 재건축에서는 대지지분이란 개념이 등장하게 되지요. 대지지분이란 '아파트 전체의 대지 면적을 전체 집주인 수로 나누어' 구하게 됩니다. 따라서 재건축 단지의 집주인(조합원)의 수가 적을수록 대지지분은 커지게 됩니다. 재개발에서 조합원의 수가 적어야 좋다는 것과 같은 이치지요. 이렇게 재개발·재건축에 있어서 중요한 요소 중의 하나가 조합원 수가 되는 겁니다. 그럼 이제 이해가 좀 되시나요? 재개발이나 재건축에서 가장 중요한 건 얼마나 많이 새 아파트를 지을 수 있느냐가 관건이란 걸 말입니다. 그럼 다음으로 중요한 요소가 무엇일까요? 그건 바로 많이 들어 보셨을 용적률입니다. 용적률이 뭐냐면 '대지면적에 대한 연면적의 비율'을 말하는 겁니다.

매수예정자 : 뭐라고요? 용적? 뭐라고 하셨죠?

사 장 님 : '용적률'이라고요.

매수예정자 : 아! '용적률'이요. 사장님, 저도 잠시 물 한 잔 먹고요.

사 장 님 : 용적률을 설명하기 위해선 건폐율(대지면적에 대한 건축면적의 비율(대지에 건축물이 둘 이상 있는 경우에는 이들 건축면적의 합계))과 연면적(하나의 건축물 각 층의 바닥면적의 합계)을 알아야 할 텐데요. 이 용어들을 설

명 드리기 위해 상식적인 얘기를 해 보겠습니다. 우리가 땅을 100평 산다고 가정하겠습니다. A라는 땅을 사려는 사람의 입장에서는 이 땅을 최대한 활용하고 싶겠지요. 예를 들어 A땅을 전부 건축물로 채워서 최대한 활용하고 싶을 겁니다. (땅의 전부를 건축물로 채워서 항공사진으로 보면 땅은 하나도 안 보이고 건축물만 땅 전체를 뒤덮고 있는 것. 이게 바로 건폐율이 100%라고 하는 겁니다) 그럼 A땅을 산 사람은 건폐율만 100% 사용하면 만족할까요? 1층 전부를 건축물로 채우고도 아쉬워 2층, 3층 이상으로 계속 높이 짓고 싶겠지요. 하지만 무조건 높게 지을 수 없게 해 놓은 게 용도지역에 따른 용적률입니다. 용적률이 높은 땅이라면 높게 지을 수 있고, 용적률이 낮은 땅이라면 낮게 지어야 하는 거지요. 건폐율도 마찬가지입니다. 용도지역에 따라 건폐율을 50%까지 지어라, 60%까지 지어라, 이렇게 법이 정해 놓았습니다. 위에서 설명한 건폐율은 제가 이해를 돕기 위한 것으로 건폐율을 100%로 지을 수는 없습니다. 가장 비싼 땅이라는 상업지역의 중심상업지구라는 곳도 건폐율은 90%에 용적률은 최대 1,500% 정도로 알고 있습니다. 주거지역의 제2종일반주거지의 경우 건폐율 60%에 최대 용적률 250%, 제3종일반주거지역의 경우 건폐율 50%에 용적률 최대 300%를 적용받습니다. 제가 사는 아파트 단지의 건폐율은 11%입니다. 하지만 우리가 아는 상업지의 주상복합아파트는 건폐율이 훨씬 더 높습니다.

(   )이 낮다는 건 아파트의 동 간 거리도 넓고, 단지 내 조경면적도 많아서, 아파트의 쾌적성을 높일 수 있습니다. 자, 그럼 다시 A땅을 산 사람이 100평의 A땅에 건폐율 100%로 건물을 지었는데 이 사람의 땅은 용적률 200%까지 지을 수 있는 땅이라면 이 사람은 1층 바닥면적과 같은 바닥면적으로 몇 층까지 지을 수 있을까요? 답부터 말씀드리면 이 사람은 2층까지 지을 수 있습니다. 왜 그러냐면 용적률은 땅 면적 대비 바닥건축면적의 합(연면적이라고 함)을 비율로 나

타낸 것이기 때문이지요. 즉, 1층 건물의 바닥면적은 100평이고, 하나의 건축물 각층의 바닥면적의 합이 연면적이라고 말씀드렸듯이 2층을 지으면 '1층 바닥면적 100평 + 2층 바닥면적 100평 = 200평'이 되겠지요. 그럼 건축면적이 총 200평이니까 100평 땅에 두 배를 지은 것이죠. 즉, 200%의 용적률이 되는 겁니다. 어렵지요? 다시 한번 용적률(연면적/대지면적 × 100)을 정리해 드리면,

A땅 100평에 1층으로 100평을 짓는다면 100평/100평이니 용적률은 100%,

A땅 100평에 2층으로(1층 바닥면적 100평 + 2층 바닥면적 100평 = 200평의 연면적) 200평을 짓는다면 200평/100평이니 용적률은 200%가 되겠네요.

제가 설명을 잘했는지 모르겠네요. 한 번 들어서는 이해가 잘 안 되실 테니 복기 차원에서 다시 한번 부동산 사무실에 들러 주시구요.

재건축에 관련된 용어를 간략하게 설명 드렸으니 이제 그럼 상계주공 '○○○' 단지 투자에 관해 한번 말씀드려보겠습니다. 상계주공 '○○○' 단지는 11.3평 소형 단일평형 840세대로 구성된 5층으로 지어진 재건축 단지로 중층 이상에 비해 사업성이 좋다고 알려져 한때 11.3평이 8억 원의 실거래가가 나오기도 했지요. 지금은 대략 5억 중반대로 보이는데요. 그럼 현재 이 아파트를 매수하게 되면 얼마의 돈으로 아파트 34평을 구매하게 되는지 예측해 보겠습니다. 재개발 상계 '△△△' 구역과 계산하는 방법은 같습니다.

상계동 주공8단지를 재건축한 '포레나 노원'이라는 아파트가 비교대상 아파트로 2020년에 입주한 가장 새 아파트군요. 이 아파트의 현재 시세는 34평(전용면적 85㎡)의 경우 부동산 사이트 매물 기준 12억 원 전후로 보입니다. (상계동을 재개발해 올해 입주한 '노원롯데캐슬시그니처' 새 아파트와 시세가 비슷하네요) 그렇다면 역시 12억 원을 기준으로 놓겠습니다. 여기에 매수하실 상계주공 '○○○' 단지의 34평(전용면적 85㎡)에 들어갈 수 있는 아파트 조합원지분을 11억

원에 산다고 가정해 보겠습니다.

조합원분양가 10억 원(자신이 갖고 있던 아파트를 감정평가 받아 산출된 감정평가금액 5억 원 + 조합원 분양가가 10억 원이니 아파트를 받기 위해 추가로 내야 할 돈 추가분담금 5억 원) + 조합원 지분을 사기 위해 지불해야 할 프리미엄 1억 원 = 11억 원이 됩니다. 감정평가금액 5억 원은 예측 값으로 향후 관리처분계획승인 이후 얼마를 보상받을지는 두고 봐야 하나, 5억 원으로 예측을 해 봤습니다.

그럼 '포레나 노원' 새 아파트의 가격은 12억 원, 조합원지분 가격은 11억 원이 됩니다. 가격 차이는 1억 원이 되겠네요. 6, 7년 후에 완공되는 아파트의 가격을 미리 11억 원에 매수하는 것인데 그사이의 금융 비용과 기타 비용 등을 감안해서 11억 5천만 원을 주고 산다고 가정하면 6, 7년 후에 적어도 12억 원이 넘는다는 확신이 있다면 구매하는 데 문제가 없을 것입니다. 6~7년 후에 현재 새 아파트보다도 더 새 아파트가 되니 12억 원 이상을 넘어 14억을 예측한다면 구매하는 데 망설일 이유는 없을 겁니다. 정리해 드리면 재개발 상계 '△△△' 구역의 34평(전용면적 85㎡)은 11억 5천만 원에 구매하는 것(2억 원의 현찰을 가지고)이고, 재건축 상계주공 'ㅇㅇㅇ' 단지의 재건축 아파트 34평(전용면적 85㎡)은 11억 5천만 원에 구매하는 것(전세를 제외한 4억 5천만 원의 현찰을 가지고)입니다. 공교롭게도 상계 재개발 구역과 상계주공 재건축 단지의 조합원지분을 산 가격이 같네요. 물론 상계 '△△△' 구역의 경우 2023년 11월 관리처분 공람시의 조합원분양가이니 조합원 분양가는 거의 확정되었다고 보면 될 것이고, 상계주공 재건축 단지의 경우 시공사교체까지 하며 다투고 있기에 조합원 분양가의 변동성은 있어 보입니다. 변동 내역은 지켜보기로 하구요. 그렇다면 제가 예를 든 '노원롯데캐슬시그니처' 아파트와 '포레나 노원' 아파트의 과거 조합원 분양가를 비교해 보지 않을 수 없겠지요.

'노원롯데캐슬시그니처'(2023년 입주, 1,153가구)의 당시 조합원 분양가 34평(전용면적 85㎡)은 5억 3천이었습니다. 비교대상인 상계 '△△△' 구역의 조합원 분양가는 9억 원입니다. 3억 7천만 원을 더 주고 사야 하는 것입니다.

상계주공 8단지를 재건축해서 탄생한 '포레나 노원'(2020년 입주, 1,062가구)의 당시 조합원 분양가는 34평(전용면적 85㎡)은 5억 원이었고, 비교대상인 상계주공 'ㅇㅇㅇ' 단지의 경우 조합원 분양가는 확정가는 아니기에 조심스럽지만 건축심의 후 들리는 소문에 의하면 10억 원입니다. 5억 원을 더 주고 사야 하는 것이지요.

두 곳 모두 조합원 분양가에 따라 P(프리미엄)가 형성될 것이기에, 상계 '△△△' 구역의 프리미엄이 2억 1천만 원~2억 5천만 원가량 하락한 것이고, 상계주공 'ㅇㅇㅇ' 단지는 P(프리미엄)가 8억 원에서 5억 원대로 하락했다고 보면 되겠습니다. 여기서 P(프리미엄)가 하락하기 전에 구매한 사람은 조합원 분양가가 이렇게 높아질 줄 모르고 구매를 한 것이고, 결국 비싸게 구매를 한 것이 되는 것입니다. 저도 부동산을 20여 년간 했지만, 요즘처럼 분양가가 치솟는 경우는 못 봤던 것 같습니다. 이처럼 재개발이나 재건축은 투자 타이밍이 무척 중요합니다. 제가 부동산을 운영하며 중개료를 받고 있지만, 지금 이 가격에 상계 재개발과 재건축을 투자하는 것은 어렵다고 보이네요. 혹자들은 노원구의 재건축이 완공되는 미래를 보고 투자한다면 괜찮다고도 하는데요. 상계주공 'ㅇㅇㅇ' 단지가 5층으로 용적률이 93%에서 → 299%로 3배 가까운 상승에도 불구하고 이 정도의 사업성이 예측된다면 애초에 용적률이 높은 상계주공아파트 재건축 단지들은 사업단계도 늦고, 조합원분양가도 상승할 것으로 보여, 노원구 전체의 재개발·재건축 진행이 순탄치만은 않을 것으로 예상됩니다. 물론 사업성이 좋다는 목동 재건축과 분당 재건축에서도 수익성 하락은 불가피할 것 같고, 서울과 경기권, 지방에 이르기까지 재건축 정비사업이 상당 부분 지연되거나 좌초될 것으로 예상이 되네요. 정부의 '노후계획도시 정비 및 지원에 관한 특별법'에 따른 재건축 인센티브를 받는다면 사업성이 나아질 수도 있으며, 작년 국회 본회의에서 통과됐기에 공포된 법안이 올 4월경 시행예정으로 세부적인 법안 적용이 어떻게 논의될지는 지켜봐야 하겠습니다.

어떠셨나요? 거의 3시간에 걸쳐 설명을 해드렸는데요.

매수예정자 : 사장님, 감사합니다. 사장님 덕분에 재개발·재건축에 대한 큰 틀은 이해한 것 같습니다.

사 장 님 : 아, 추가로 말씀드리면, 재건축에서는 무상지분율이라는 용어가 자주 등장하는데요. 무상지분율이라는 말을 제 나름대로 설명해 보겠습니다. 재건축 예정 아파트의 대지지분을 큰 걸 갖고 있는 조합원에게 새 아파트를 분양할 때 "34평(전용면적 85㎡) 값을 전부 내지 말고 25평(전용면적 60㎡) 값만 내세요."라고 하는 것과 유사하다고 할 것입니다. '재건축으로 유망한 강남 '○○○' 단지 시공사들 출혈 경쟁'이란 타이틀의 기사를 심심치 않게 보셨을 겁니다. 시공사들이 시공권을 따낼 때 무상지분율을 제시하게 되는데요. 어디는 130%, 다른 어디는 120% 등 일단 시공권을 따기 위해 부풀려 제시하는 경우도 상당합니다. 무상지분율은 어느 정도 사업을 시행하는 단계에서 변경도 가능하니까요. 무상지분율을 130% 제시했다면 대지 지분 10평을 가진 사람은 새 아파트 13평을 무상으로 받을 수 있게 되는 것이지요. 25평(전용면적 60㎡)을 분양받는 조합원이라면 나머지 평수는 조합원 분양가로 내면 되는 것이구요. 물론 대지지분만 크다고 해서 무조건 무상지분율이 많은 것도 아니기에, 사업성이 좋아야 무상지분율도 높아지게 되는 것이겠지요. 시공사의 무상지분율만 철석같이 믿

어서는 안 되는 이유이기도 합니다. 따라서 재개발·재건축 아파트의 사업성을 평가하는 요소는 한두 가지가 아니지만, 다시 한번 말씀드리면, 조합원의 수가 적어야 한다.(대지지분이 많아야 한다) 재건축되기 전의 용적률은 낮을수록 좋고, 재건축 시 용적률은 높을수록 좋다. 일반분양분이 많이 나와야 하고, 입지가 좋아 일반분양분을 비싼 가격에 팔 수 있어야 한다. 이 정도로 말씀드리고 싶네요. 재개발·재건축에 관련해서 특히 재개발의 경우 정비사업지 내에 다양한 형태의 부동산(도로, 나대지, 무허가 건축물, 상가, 오피스텔 등)이 존재하다 보니 입주권을 받을 수 있는 부동산인지부터 정확히 파악해야 낭패가 없으니 법적인 요건도 충분히 확인을 해야 합니다. 이처럼 다양한 내용을 알아야 재개발·재건축에 대해 그래도 좀 안다고 볼 수 있을 텐데요. 차차 알아 나가시기로 하시구요. 방금 말씀드린 정도는 아셔야 스스로 사업성을 대략적으로 판단할 수 있게 될 것이고, 그에 따른 성공 투자도 가능하겠지요.

매수예정자 : 사장님, 머리에 쏙쏙 들어오네요. 긴 시간 설명 감사드리고요. 사장님 덕분에 노원구의 재개발·재건축 정비사업에 투자하는 게 결코 만만하지 않다는 걸 알게 됐습니다. 불과 몇 년 전에 정비사업을 마친 조합원들은 상당한 수익을 거둔 것 같은데 지금은 조합원 분양가가 넘사벽에 가깝네요. 그렇다고 조합원분양가가 계속 오르면 올랐지 떨어지지는 않을 것 같아 이러지도 저러지도 못하는 진퇴양난이 돼 버린 것 같네요. 그럼 다음에 제가 저녁 한번 모시겠습니다. 수고하세요.

사 장 님 : 잠깐만요. 제가 '재건축초과이익환수제'라는 걸 설명드렸나요?

매수예정자 : 아니요, '재건축초과이익환수제'라는 게 뭔데요?

사 장 님 : 이걸 설명을 안 드릴 수가 없어서 잠시만 말씀드리면 재개발은 해당 사항이 없고, 재건축에만 해당되는 세금으로 정부가 정한 적정한 이익이 넘

으면, 재건축을 하고 남은 초과이익에 대해서 세금으로 징수하겠다는 제도입니다. 이 제도를 모르시고 재건축을 투자하셨다가 저를 원망하시면 안 될 것 같아 말씀드립니다.

2006년 도입되었고, 부동산 침체기에는 시행되지 못하다가 2018년 문재인 정부가 부활시킨 제도로 현재까지 초과이익을 통보받은 재건축 단지는 상당히 많지만 아직 세금을 납부한 단지는 없는 것으로 알고 있습니다. 시간이 없으신 것 같아 간단하게만 세금산정 방식을 말씀드리면 이익의 구간에 따라 세금을 달리 매기는데 최고 구간인 조합원 1인당 초과이익이 1억 1천만 원을 초과하면 2천만 원을 기본으로 내고, +로 1억 1천만 원을 초과한 이익의 50%를 추가로 내야 한다는 것입니다. 즉, 재건축사업으로 조합원 1인이 2억 원의 이익을 봤다면 2천만 원 + (2억 - 1억 1천만 원 = 9천만 원의 50%인 4천 5백만 원) = 6천 5백만 원의 초과이익을 세금으로 내야 한다는 겁니다.

매수예정자 : 정말 이런 게 있나요? 적정이윤을 정부에서 정하다니 말이 안 되는 것 같습니다. 강남 같은 곳은 이익이 수억 원이 넘을 텐데 엄청난 세금을 납부해야 하겠네요.

사 장 님 : 저도 그렇게 생각하지만 법이 그러니 어쩌겠습니까? 그래서 이러한 법이 개선되어야 한다는 내용의 법안이 2022년에 발의, 작년 말 국회 본회의를 통과하여 올 4월경 시행 예정으로 초과이익부과 기준 확대로 납부 대상자를 줄이고, 고령자는 납부 시기도 늦춰 주고, 이익산출 기준시점도 조합설립인가일로 늦추고, 1주택 장기보유자의 경우 감면해주게 됩니다(이법 적용 시 초과이익 2억 원이면 6천 5백만 원에서 2천 9백만 원으로 줄겠네요).

• 문의 사례 2

매수예정자 : 안녕하세요, 사장님. A구역의 현재 재개발 단계가 어느 단계인가요?

사 장 님 : 사업시행인가가 났습니다.

매수예정자 : 아, 그럼 이제 아파트를 몇 층을 지을 거고, 어떻게 지을 건지 사업에 대한 설계도가 구청에서 승인이 난 거군요.

사 장 님 : 예, 맞습니다. (재개발의 단계는 크게 정비구역지정 → 추진위원회 승인 → 조합설립인가 → 사업승인인가 → 관리처분계획인가 → 이주 및 착공의 단계가 있고, 재건축은 정비구역지정 전에 안전진단이란 단계가 추가됨) 이제 사업이 많이 진행되었습니다.

매수예정자 : 사장님, 그럼 그 동네 재개발 집들이 언제 철거가 되나요?

사 장 님 : 예, 아마도 여태껏 사례를 보면 약 4~5년 정도 후에 철거가 되겠네요.

매수예정자 : 아, 그런가요. 그럼 여기도 값이 많이 올랐겠네요.

사 장 님 : 그럼요. P(프리미엄)가 벌써 5억 원입니다.

매수예정자 : 정말요? 그럼 여기 말고 진행단계가 좀 낮으면서 P(프리미엄)가 낮은 지역을 추천해 주실 수는 없나요?

사 장 님 : 요즘은 재개발에 '재' 자만 나와도 P(프리미엄)가 그냥 2억 원입니다. (여기서 재개발의 '재' 자에 해당하는 단계는 정비구역지정이나, 추진위원회 승인 정도의 단계를 말한다)

• 문의 사례 3

매수예정자 : 안녕하세요, 사장님. B구역 부동산이죠? 거기 지금 34평을 분양받을 수 있는 빌라(단독, 다가구 등)의 P(프리미엄)가 얼만가요?

사 장 님 : 2억 원입니다.

매수예정자 : 그럼 제가 향후 지어질 새 아파트 34평(전용면적 85㎡)을 총 얼마에 사는 건가요?

사 장 님 : 10억 원에 사는 겁니다.

매수예정자 : 왜 그렇게 되나요?

사 장 님 : 아직 사업 진행 중간 단계라 어디까지나 예측입니다. 매도자가 갖고 있는 빌라 가격은 1억 원입니다. 매도자가 34평(전용면적 85㎡)을 분양받기 위해서는 건설사에 7억 원을 더 내야 합니다. 그래서 매도자 본인이 갖고 있는 집의 빌라 가격 1억 원 + 34평(전용면적 85㎡)을 받을 수 있는 매도자의 권리에 대한 P(프리미엄) 2억 원에 건설사에 추가분담금으로 내야 할 돈 7억 원을 더해서 10억 원에 구매하는 겁니다.

매수예정자 : 그럼 그 가격이 B구역 주변 새 아파트와 비교해서 더 비싼 거 아닌가요? 주변 새 아파트의 가격이 9억 원인데요.

사 장 님 : 예, 맞습니다. 하지만 B구역의 아파트는 앞으로 5년 후에 완공될 예정이기에 그 사이의 인플레이션이나 새 아파트의 희귀성으로 13억 원은 가지 않을까 예측이 됩니다.

매수예정자 : 그럼 사장님, 제가 매도자에게 현찰로(계좌이체) 줘야 할 돈은 3억 원이겠네요.

사 장 님 : 예, 맞습니다. 선생님은 매도자에게 P(프리미엄) 2억 원과 판매자의 빌라 가격 1억 원을 줘야 합니다. 그래서 3억 원을 지급하면 됩니다. 따라서 선생님은 B구역의 판매자 조건은 같고 P(프리미엄)가 더 올라 2억 원에서 5억 원으로 바뀐다면 6억 원의 현찰을 지급해야 하고, B구역에 입주할 수 있는 권리를 13억 원에 구매하는 것입니다.

• 문의 사례 4

매수예정자 : 성수 전략정비구역이나 한남동 재개발을 매입하고자 하는데요. 얼마의 돈이 필요한가요?
사 장 님 : 당장 15억 원 정도가 들어갑니다.
매수예정자 : 15억 원이요? 아파트 말고 재개발이 될 시 아파트를 받는 빌라요. 재개발된 아파트 말구요.
사 장 님 : 빌라 5평이 15억 원입니다. 자기 돈 13억 원이 필요합니다.
매수예정자 : 추후에 지어진 아파트가 도대체 얼마가 될 걸로 예상하시기에 빌라 15억 원을 말씀하시나요?
사 장 님 : 적어도 추가분담금까지 감안하면 30억 원에 사시는 거지만 지금으로부터 10년 후에는 50억 원 정도를 봅니다.
매수예정자 : 50억 원이요? 그게 말이 되나요?

박스 안의 대화내용 중 빈 괄호를 채우고, 문의 사례 4의 매수예정자의 말도 안 된다는 논리는 미래의 부동산 시장을 바라보는 논리인가? 아니면, (   )의 부동산 시장을 바라보는 논리인가?

15. 목동·상계동이 재건축되면 서민들은 과연 좋을까? 下

　서울 목동 재건축 아파트와 상계동 재건축 아파트가 전부 재건축되는 데 소요되는 시간은 순차적 이주를 감안하면 대략 20년 정도로 예상된다. 전부 재건축이 됐다고 가정하면 서울에서 더 이상 대규모 재건축 단지는 없을 것이다. 목동과 상계동의 재건축 아파트가 모두 재건축된 후 서울로의 진입은 지금 현재 강남으로 진입하는 것이 어려운 것과 같은 사태가 올 것 같은가? 아니면 그렇게 될 수 없다고 생각하는가?
　(　　　　　　　　　　　　　　　　　　　　　　　　　　　　　　　　　)

16. 경전철 신림선이 왜 이리 센 거야? 中

　2022년 5월 신림선 경전철이 관악구에 개통됐다. 이 경전철이 다른 경전철보다 파급력이 큰 이유는 중요 노선과의 (　　　)역이 많다는 것이다.

17. 상가랑 토지는 양도소득세 비과세가 있다? 없다? 上

 상가와 토지(농지)가 어려운 이유 중 하나는 양도소득세도 큰 비중을 차지하는데 상가는 일정 기간 보유하고 실제 상가로 사용하면 양도소득세가 비과세 되는 경우가 있나? 토지(농지)도 비과세 되는 경우는 없다. 다만 양도세 감면은 가능한데, 8년 이상 보유하고, 재촌자경하면 최대 연간 1억 원을 감면해 주고 5년간 몇억 원까지 양도세를 감면 받을 수 있나?

( )

18. 서울 25평의 미래가 경기권 25평의 미래에 선행할까? 下

 서울 보통 입지의 34평의 새 아파트 가격은 2023년 기준 13억을 상회한다. 25평과의 가격 차는 3~4억 사이로 25평형도 10억 원 내외이다. 34평의 가격이 계속 오른다면 가격이 부담스러워 25평을 선호하는 현상도 생길 수 있다고 보는데 같은 이유로 향후 경기권의 34평이 선호되는 현 상황이 25평으로 옮겨 갈 수도 있다고 생각하는가?

( )

19. 주택을 취득할 수 있는 권리로 부동산 취득세 절세해 볼까? 上

집이 한 채 있는 상태에서 주택 한 채를 더 사게 되면 2주택이 되어 취득세가 중과 (2024년 현재 서울시 강남구, 서초구, 송파구, 용산구 투기과열지구 내)된다. 그럼에도 내가 투자를 하고자 한다면 2주택 이상에서 발생되는 취득세 중과에서 자유로운 주택이 되기 전의 분양권과 (   )을 구매하는 방법과 공시가 1억 미만의 주택을 구매하는 하는 경우 취득세가 중과되지 않는다.

20. 이거 아니? 무늬만 복층 오피스텔? 下

오피스텔 분양을 받는 경우 다락방이 있는 복층 오피스텔은 다락방이 없는 단층 오피스텔에 비해 그 활용도가 어떨까? 당연히 다락방을 만들게 되면 분양가는 더 비쌀 것이고 비싼 만큼 그 활용도가 의미 있는 활용도가 되느냐가 문제인데, 서면 머리가 다서 허리를 구부려야 하는 다락방이 있는 오피스텔은 비싼 만큼 값어치를 한다고 보는가?

(   )

21. 부동산 거래하는데 단지 내의 부동산에만 내놓는다고? 下

　부동산을 매수·매도할 때 단지 내 부동산에만 5군데를 내놓는 것과, 단지 내 하나, 주변 지역 하나, 옆 단지에 하나, 그 지역 공인중개사 모임에서 활발히 활동하는 공인중개사에 하나, 네이버에 가장 활발히 매물을 올리고 있는 중개사에 하나, 이렇게 5군데에 올리는 것이 더 효과적이라고 생각하나?

　(　　　　　　　　　　　　　　　　　　　　　　　　　　　　　　　)

22. 입주권이 일반 분양가보다 더 비싼데 이걸 사라고? 上

　서울 마포구 재개발지의 34평(전용면적 85㎡)을 받을 조합원 입주권의 가격은 15억 원인데 그 재개발 지역의 일반분양자의 분양가는 14억 원이라고 한다. 이 재개발 단지의 조합원 입주권(재개발지에서 관리처분이 되고 난 후부터 입주권이라고 부른다)을 산 사람은 일반분양자보다도 오히려 1억을 더 비싸게 산 꼴인데 이 사람은 잘못 투자한 사람인가?

　(　　　　　　　　　　　　　　　　　　　　　　　　　　　　　　　)

23. 부동산도 하나를 알면 열을 알게 될까? 中

    재개발이나, 재건축을 매수해서 입주까지 해 본 사람은 청약통장도 잘 활용해야 한다고 생각하게 된다. 왜 재건축이나 재개발 입주권을 구매 후 입주해 살고 있는데 신도시 분양, 택지 분양, 6년 후 분양 전환되는 공공분양, 미분양 등에 대해서 전반적으로 다 잘 알게 된 것인가?

    (   )

24. 컴퓨터는 하드웨어, 소프트웨어가 뭔지 알겠는데, 부동산은 하드웨어와 소프트웨어로 못 나누나? 中

    아파트는 하드웨어적인 측면에서는 더 이상의 발전은 쉽지 않아 보인다.(평면의 진화나, 단지 내 수영장, 지하 주차장의 확장성 등) 그렇다면 아파트의 소프트웨어적인 진화는 무한한 것인가?(조식서비스, 엘리베이터를 집 안에서 호출하는 것 등) 향후 전개될 소프트웨어적인 진화를 2개만 예를 들어 보아라.

    (   )

25. 대한민국은 아파트공화국이래. 근데 좋은 걸 어떡해? 下

　　전원주택, 다가구주택(주인이 1사람인 3층 이하 주택), 다세대주택(주인이 각각인 4층 이하 빌라), 상가주택 등의 모든 주택을 망라해도 아파트 선호도를 뛰어넘지 못하는 게 현실이다. 아파트는 향후에도 그 가치가 유지될 것으로 보는 이가 많은데 아파트와 비아파트를 비교 시 아파트의 장점 2가지는 크게 무엇인가?
　　(　　　　　　　　　　　　　　　　　　　　　　　　　　　　　　　　　)

26. 신도시 시범 단지 당첨되면 뭐가 좋은 거야? 上

　　신도시가 발표되었다. 최초에 신도시에 지어지는 주택(시범 단지)에 당첨되어야 유리한 부분이 많다. 입지적으로 신도시 중심부에 위치하는 경우가 많아서 그렇고, 34평(전용면적 85㎡) 분양가 기준 2~3년 후에 분양하는 단지에 비해 분양가가 얼마나 더 저렴하기에 시범 단지를 노려야 하는 것인가?
　　(　　　　　　　　　　　　　　　　　　　　　　　　　　　　　　　　　)

27. 중학생 아들·딸아, 빨리 청약통장 가입하러 가야지? 下

　최근 국토부는 청약통장 가입을 장려하기 위해 청약저축 금리를 올려 주는 등 2023년 8월에 대책을 내놓았다. 눈에 띄는 내용은 미성년자 청약저축 가입기간 인정기간을 2년에서 (　)년으로 늘린다고 한다는 것이다. 이렇게 되면 만 17세부터 가입해서 2년만 인정됐던 가입기간이 만 14세부터 가입 가능해지면서 5년간 가입기간이 인정된다. 납입기간이 길고 납입금액(최소 2만 원에서~최대 10만 원까지)이 많으면 공공분양에서 유리함을 감안하면 공공분양을 노리는 사람들은 반드시 가입해야 하는 개정내용이 될 것이다.

28. 모아타운 예정지 믿고 투자했다가 쪽박 찰 수도 있다고? 中

　오세훈 시장 주도의 모아주택 후보지는 2022년 6월에 선정된 1차가 있고, 2022년 10월에 2차를 지정했고 추가로 지정 중에 있다. 현재까지 81개소의 후보지를 지정했고, 2025년까지 100곳을 선정한다고 한다. 미리 찜해 두는 것도 전략인데, 하지만 탈락도 염두해 두어야 한다. 그래도 예측만으로 모아주택 후보지를 구매하는 것이 맞을까?(1차, 2차 모아주택 후보지는 지정 이후 순식간에 1억 원 이상이 올랐다고 한다)
　(　　　　　　　　　　　　　　　　　　　　　　　　　　　　　　)

29. 아! 프랜차이즈 혹시나 했는데 역시나였구나? 中

프랜차이즈를 임차하고 있는 점주 A 씨는 4억 원을 들여서 프랜차이즈 본사와 5년 계약을 했다. 장사가 잘돼서 5년 동안 연간 1억 원을 벌었다. 그런데 계약이 만기되는 시점에 재계약을 하려는데 본사에서 5년 전과는 트렌드가 바뀌었다며 매장을 (   )해야 한다고 한다. 수억 원을 들여 (   )을 하지 않으면 가맹을 폐쇄하겠다고 하니 A 씨는 망연자실할 수밖에 없었다.

30. 부동산계의 S클래스는 뭐야? 上

중대형 아파트 40평(전용면적 101㎡), 45평(전용면적 114㎡)과 대형 아파트 56평(전용면적 135㎡ 이상) 아파트가 있다. 충분한 개방감을 누리며 가격 방어에도 용이한 평형은?(특정 지역의 극소수의 아파트 단지의 평형은 예외인 경우가 있다)
(   )

31. 세계적인 도시들의 인구수와 면적이 이 정도라고? 下

세계적인 도시들의 2023년 기준 대략적인 면적과 인구수이다. 괄호의 인구수는 대략 얼마 정도 될 것 같은가?

상하이(6,300㎢)　　　　2,480만 명

도쿄(620㎢)(23구)　　　990만 명

서울(600㎢)　　　　　　950만 명

런던(1,500㎢)　　　　　880만 명

뉴욕(780㎢)　　　　　　830만 명

싱가폴(720㎢)　　　　　600만 명

멜버른(9,970㎢)　　　　(　　)만 명

베를린(890㎢)　　　　　360만 명

파리(105㎢)　　　　　　210만 명

암스테르담(220㎢)　　　72만 명

32. 본인이 10년 이상 살 집을 아무 데나 산다고? 中

　가정을 이루고 자녀가 초등학교에 진학하면 보통은 그곳에 정착하는 경우가 많다. 그렇다면 정착 후 적어도 10년 이상 산다면, 본인이 거주하는 집을 베이스로 좋은 곳에 하나 갖고 있고, 추가로 1채를 더 사서, 오르면 팔아 시세차익을 현금으로 확보하는 게 중요할 것이다. 그렇다면 본인이 사는 집은 어떤 곳에 사야 하는지 조건 두 가지는?

　A. 오래 살면 오래 살수록 가치가 높아지는, 재개발과 재건축 호재가 있는 아파트
　B. 경기권 단독주택으로 재개발 호재가 있는 곳
　C. 특별한 호재가 없는 지역 신규아파트로 새 아파트라 살기에는 좋은 곳
　D. 신도시 내 외곽에 소재하고 있고, 학원, 대중교통 등이 잘 갖춰지지 않은 곳
　E. 서울 구형 아파트로 향후 10년 이후에도 주변이 그대로 변화되지 않는 지역
　F. 어디까지나 내 집이라 내가 보는 기준으로는 가치가 있으나 대중에게 회자되지 않는 곳

33. 우리가 분양계약률을 왜 알려 줘야 되지? 中

민간분양 시행사의 분양률을 믿어서는 안 되는 이유는 저조한 분양률을 공개하는 것이 본인들에게 도움이 안 된다고 생각해서 정확한 통계를 공개하지 않는 것 때문이다. 하지만 부동산 투기 과열을 막기 위한 규제지역 중에 하나인 (   ) 지역에서는 공개하는 것이 의무사항이다. 어느 지역인가?

34. 이것들 샀다가 망한 사람 한둘일까? 下

부동산 시장에서 불황기에 위험을 헷지할 능력이 안 되는 사람이 사지 말아야 할 부동산 배드 에잇이 아닌 것은?

A. 아파트
B. 고가의 신축빌라
C. 생활형숙박시설
D. 무늬만 복층 오피스텔
E. 자족도시 기능을 잃은 지식산업센터
F. 경기 외곽의 타운하우스
G. 지역조합주택
H. 산업기능의 축소로 인구가 줄어들고 있는 지방 주택
I. 주변의 개발계획도 없는 절대농지

35. 주식도 아니고 (   )년 내에 뭘 바래? 中

부동산은 과거부터 현재까지 오르락내리락했다고 해도 결국 우상향이라고 한다. 그렇다면 최소한 몇 년은 소유해야 오르락내리락에서 자유로울 수 있다고 보는가?
(   )

36. 아파트 단지가 놀이공원 같다고? 上

아파트 조경의 비중이 날로 증가하고 있다. 과거에 비해 조경의 예산이 점점 증가하고 있는데, 아파트 조경에 있어 (   ) 공간이 많을수록 그 조경 가치가 높아지는데 (   ) 공간을 늘리는 것은 건축비 상승으로 이어지지만 아파트 가치를 높여 아파트의 매가에 상당한 영향을 미친다고 본다.

37. 부동산 낱말퀴즈, 이 정도는 알아야 퀴즈박사지! 下

아파트의 단지들을 묶어서 약어로 사용하는 경우와 신종 부동산 줄임말을 사용하는 경우가 많아지고 있다. 다음 약어들과 줄임말은 무엇인지 써 보시오.

서초구 반포동 '아크로리버파크'의 준말은? 잠실 3개 단지 '엘리트'의 이름은? 대치동 3개 단지 '우선미'의 이름은? 노원구 월계동 3개 단지 '미미삼'의 이름은? 동작구, 사당동 리모델링 추진 중인 3개 단지 '우극신'의 이름은? '금관구'의 서울 3개구는? 청약용어 준말 '청무피사'의 의미는? '슬세권'이란?

(   )

38. 지하철이라고 다 같은 지하철이 아니잖니? 中

청량리와 왕십리, 공덕역 등은 여러 노선이 크로스된다고 한다. 여러 노선이 크로스되는 것도 중요하지만 가장 중요한 환승역은 어느 지역으로의 접근이 용이해야 할까?

(   )

39. 조합장이 뭔데 무소불위라고? 中

재개발이나 재건축에서 조합장들은 막강한 권력을 휘두른다. 그러다 불법행위로 구속이 되는 경우도 있으나 대부분은 건재하며 지위를 내려놓지 않고 아파트가 완공돼도 몇 년간 조합을 해산하지 않고 월급을 받아 챙긴다. 그럼 왜 조합장들은 비리의 온상임에도 교체되거나, 해임시키는 것이 어려운가?

(   )

40. 최고급 주거 단지가 될 건데 용적률 따위야! 上

고급주택가들이 즐비한 이태원과 서울역 인근은 남산으로 인해 고도제한에 묶여 있다. 그래서 재개발·재건축을 하기엔 조건이 만만치 않다고 한다. 정책에 따라 고도제한이 풀릴 수도 있겠지만, 풀리지 않는다 해도 매수자에게 유리하게 작용하는 측면이 있을 것 같다. 무엇일까?

(   )

41. 서울, 경기 지명도 모르면서 어딜 임장 다녔다고 자랑이니? 中

다음은 같은(비슷한) 이름을 쓰는 지방자치 시와 지방자치 구다. 괄호를 채워라.

경기도 (　　　)시　　　　서울시 금천구 (　　　)동
은평구 (　　　)동　　　　강남구 (　　　)동
경기도 (　　　)천시　　　인천시 (　　　)평구
시흥시 (　능곡　)동　　　덕양구 (　능곡　)동
서초구 (　　　)동　　　　덕양구 (　　　)동
의정부시 (　산곡　)동　　부평구 (　산곡　)동

42. 판교, 일자리 많아서 좋지. 근데 다 거기서 못 살잖아? 上

판교 테크노밸리는 주변으로 제2(2022년 완공), 제3(2024년 완공 예정)의 테크노밸리가 확장되고 있고 그로 인해 경기 남부에 IT 관련 양질의 회사들이 많아지고 있다. 이로 인해 주변 지역까지 판교의 수혜를 볼 것으로 보이는데, 그 확장성은 얼마나 커질 것이며 그 여파는 서울·경기 동서남북으로 본다면 어느 지역까지 갈 것이라고 예측하는가?

(　　　　　　　　　　　　　　　　　　　　　　　　　　　　　　)

43. 오피스텔 25평이라는데 이게 뭐야, 왜 이리 작냐고? 下

부동산사이트에서 아파트 매물을 보면 전용률이라는 항목이 있는데 아파트는 통상적으로(75~80%)인 데 반해서 아파텔(아파트와 평면이 유사한 오피스텔)이나 오피스텔은 전용률이 절반인 곳도 많다. 전용률이 적다는 것은 무엇을 의미하는가?
(   )

44. 경기 북부도 출퇴근 시간대 지하철 운행 좀 촘촘히 해 주면 안 되니? 下

인천으로 7호선 라인이 계속해서 확장되고 있고 경기도 의정부 북부, 포천까지 7호선이 연장되고 있는데 아쉽게도 의정부 북부로의 7호선 연장은 도봉산~옥정까지는 단선, 옥정~포천까지는 (   )선으로 연결되는 형태로 경기 북부를 강남과 신속하게 연결하게 될 중요한 노선임에도 출퇴근 시간에 열차운행시격(배차간격)을 촘촘히 하기에 한계가 있는 점이 아쉬움으로 남는다. 이 부분에 대해서 지자체에서도 인지하고 있어 (   )선으로 건설하기 위해 부단한 노력을 기울이는 것으로 알기에 좋은 성과를 기대해 본다.

45. 주택임대사업자 관리규정 머리에 쥐 난다, 진짜! 上

주택임대사업자가 본인이 살고 있는 집이 있고 나머지 3채를 임대하고 있다가 판다고 가정하자. 이 사람이 임대 주고 있는 3채는 임대사업자가 준수해야 할 요건을 모두 준수해야 일반과세로 매매할 수 있는데 이 주택임대사업자가 실수로 임대주택 1채에 대한 준수사항을 어기고 말았다. 이 사람은 임대주택 전부에 대해 중과세를 맞는 것인가?

(   )

46. 임대는 안 나가고 애꿎은 이자만 나가는데 난 어쩌라고? 中

경기가 하향 곡선을 그릴 때, 아파트가 아닌 오피스텔, 주상복합, 지역조합주택, 도시형생활주택, 생활형숙박시설 등의 상품이 가격이 더 많이 떨어지는데 그 이유로는 수요가 (   )되어 있고, 실거주가 제한적이기 때문이다.

47. 찐 부동산전문가들만 한다는 건설임대사업자가 뭐야?
上

건설임대주택사업자는 주택매입임대사업자와 다른 개념이다. 말 그대로 건설임대주택사업은 자기가 직접 건설해서(아파트, 빌라 등) 직접 임대를 놓는 것이다. 이 건설임대주택사업을 등록하고 기준요건에 맞으면 임대사업자의 혜택이 과거처럼 그대로 유지된다고 한다. 유지되는 혜택이 아닌 것은?

A. 취득세 경감
B. 종합부동산세 합산 배제
C. 재산세 감면
D. 주택 수와 관계없이 양도세 100% 면제

48. 저 건물은 층이 올라갈수록 면적이 작아지게 계단식으로 올렸네. 왜 저렇게 지었지? 上

북도로에 접한 주거지역 땅이 주택을 건설하기에 더 유리한 땅이라고 한다. 그 이유는 (　　) 보호로 인해 제한되는 연면적을 늘릴 수 있기에 북도로에 접하지 않은 땅에 비해 값어치가 있기 때문이다.

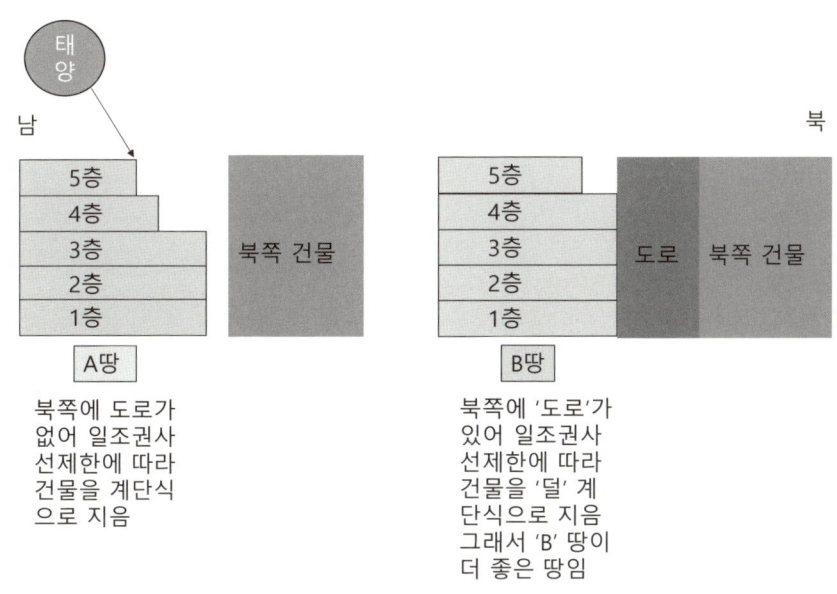

49. 아! 달러, 긴축, 경착륙, 인플레이션 내가 이런 거 알아야 되나? 上

경기가 어려울 때 미국은 달러를 헬기로 뿌려 댄다. 그리고 나서 몇 년 후 긴축이랍시고 금리를 올리면 달러는 회수되고 다시 가치가 치솟는다. 이런 현상이 계속 발생한다면 미리 골목을 지키고 있어야 할 것이다. 주택 시장에 있어서 경기가 침체되어 달러 가치가 치솟고 금리가 오르면 집값이 떨어진다. 그런데 몇 년 후에는 달러가 안정되고 금리가 내리며 집값은 오르는 현상이 상당 부분 반복되고 있다. 달러를 그렇게 찍어 내도 달러가 다시 상승하는 현상을 단순 논리로 설명하기엔 역부족이다. 그렇다면 이런 현상이 계속 지속될 것 같은가? 아니면 중단될 것 같은가? 예측해 보아라.

( )

50. 서해선에서 환승해서 판교 갈 수 있을까? 中

서해선으로 인해 그동안 전철 불모지였던 시흥시 주변 등 서해 근교 지역의 부동산 가격이 상승한 건 사실이다. 이에 더해 서해선이 더욱 빛을 발하기 위해선 서해선을 따라 종으로 내려오는 전철이 횡으로 연결되어야 하는데 5호선 및 9호선 환승역인 김포공항역 등과 더불어 시흥시청역에서 환승되는, 횡으로 연결될 공사 중인 노선은 어떤 노선인가?

( )

51. 종신보험 40년짜리 이자가 왜 이래? 물가상승률은커녕 물가에 비해 원금도 안 되잖아? 下

    A 씨는 노후대비를 위해서 주택 구매보다는 개인연금 및 종신보험 등 금융상품에 투자를 했다가 20년이 지난 지금 엄청난 화폐가치 하락에 몸서리를 치며 금융상품들을 중도 해지하려고 보니 4천만 원이 넘는 손해였기에 금융상품을 해지하지 못하고 여윳돈과 합하여 아파트를 구매하려던 계획을 취소했다.

    B 씨는 일찌감치 개인생명보험과 화재보험사 실비보험 등 자신에게 꼭 필요한 보험만을 남긴 채 주택을 구입 후 55세로 낮아진 주택연금에 가입해 55세부터 주택을 담보로 매월 150만 원을 받도록 하였고, 연금가입 후에 주택 가격이 상승하자 주택연금을 해지하여 주택상승분을 가져갈 수 있었다. 두 사람의 재테크 중 어느 것이 더 나은 방향이라고 생각하는가?(주택 가격은 20년간 3배가 상승했다)

(   )

52. 친구 따라 강남 갈 땐 좋았는데 올 땐 어떻게 오지? 中

　A 씨는 친구의 소개로 오피스텔 1채, 지식산업센터 1채, 지방에 LH아파트 1채를 총 3억 원에 매입했다. 경기가 좋을 때는 한때 전부 합쳐 1억 5천만 원의 수익을 내고 있었는데 갑자기 경기가 곤두박질치자 P(프리미엄)는 고사하고 3억 원의 순자산이 2억 원이 되고 말았다. A 씨는 파는 시기를 놓친 것인가? 부동산을 보는 (　　　　) 이 부족한 것인가?

53. 부담부증여 그게 뭔데 상황에 따라 유불리가 다르다고? 上

　증여자(부모)가 전세보증금이나 은행담보대출 등을 포함해서 주택 등을 증여하는 것을 부담부증여라고 하는데 이때 전세보증금이나 은행담보대출 등 채무인수 부분은 유상양도에 해당되어 증여자에게 (　　　　)소득세를 과세하고, 채무 부분을 제외한 부분은 무상양도에 해당되어 수증자(자녀)에게 증여세를 과세한다. 이런 특징으로 부담부증여 시 증여자가 (　　　　)소득세 비과세 조건을 갖추었다면 유리한 증여가 될 수 있다. 반대로 증여자가 (　　　　)소득세 비과세 요건을 갖추지 못하고 중과대상이 되는 다주택자라면 오히려 불리한 경우가 많다.
　괄호 안에 공통으로 들어갈 단어는?

54. 순간의 선택이 뭐가 어쨌다고? 中

　A 씨는 2012년~2014년에 분양한 위례 신도시에 롯데아파트, 동탄 2신도시에 우남아파트, 하남 신도시에 푸르지오아파트 미분양을 놓고 고민하고 있었다. 반면 B 씨는 분양가가 조금 낮은 인천 서구 힐스테이트 미분양을 보고 있었다. 물론 B 씨는 인천시에 거주하고 직장을 다녔기에 실거주에 목적을 둔 매수였다. 하지만 실거주에 목적을 둔 선택이라 하더라도 핵심투자를 하지 못한 결과로 대략 얼마의 시세차익을 못 얻게 되었나?

　(   )

55. 뉴욕 원룸 월세 500만 원, 서울도 이럴 날이? 下

　뉴욕에서는 원룸 월세가 400~600만 원이라고 한다. 뉴욕만 이렇게 높은 월세 가격이 형성된 것이 아니라, 파리, 런던, 시드니, 토론토 등의 도시도 월세가 천정부지로 오르고 있다. 대한민국도 전세를 없앤다느니, 전세보증금을 맡아 주는 기관을 만든다는 말도 나온다. 그렇다면 서울도 전세가 사라지고 월세의 시대가 올 것 같은가? 온다면 그 시기는 얼마나 걸릴 것 같은가?

　(   )

56. 역대 정부 부동산정책이다. 이 정도는 알아야지? 中

제6공화국 정부의 역대 부동산 정책이다. 잘못 짝지어진 것은?

A. 노태우 정부(1988년 2월~1993년 2월) → 최초 영구임대주택 국비 건설
B. 김영삼 정부(1993년 2월~1998년 2월) → 부동산실명제 도입
C. 김대중 정부(1998년 2월~2003년 2월) → 주택분양 가격 자율화
D. 노무현 정부(2003년 2월~2008년 2월) → 분양원가 공개
E. 이명박 정부(2008년 2월~2013년 2월) → 재건축초과이익환수제
F. 박근혜 정부(2013년 2월~2017년 5월) → 주택바우처 도입
G. 문재인 정부(2017년 5월~2022년 5월) → 주택임대차3법 시행
H. 윤석열 정부(2022년 5월~현재) → 안전진단 기준 완화

57. 서초구 크기가 용산구 크기의 몇 배나 된다고? 中

용산이 강남을 능가할 것이라는 얘기가 많다. 필자도 일부는 그럴 수도 있다고 본다. 하지만 규모 면에서 강남구와 서초구, 송파구가 어우러져 만들어 낸 시너지는 쉽게 넘을 수 없을 것이라고 본다. 용산구는 서초구의 면적과 인구 대비 약 몇 %나 된다고 보는가?

( )

58. 미혼청년특별공급이 뭔지 모른다고?

현 정부에서 청약가점이 낮은 청년들을 위해 미혼청년특별공급이 신설되었다. 각각 나눔형과 선택형에서 신청 가능하다. 자격 요건은 주택 소유의 이력이 전혀 없어야 하며 만 19세~39세 이하 사이의 청년만 신청 가능하다. 세부적인 신청 요건으로 맞지 않는 것은?

   A. 유주택 부모와 주민등록상 함께 등재되어 있는 경우

   B. 2023년 소득이 월 469만 원 이하인 경우

   C. 부모 순자산이 상위(10%)를 넘는 경우

   D. 기혼자가 아닌 경우

   E. 신청자 본인이 5년 이상 소득세를 납부한 경우

   F. 신청자 본인의 순자산이 2억 6천만 원 이하인 경우

   G. 공공주택 분양사업자가 공급하는 공공주택으로 25평(전용면적 60㎡ 이하) 이하의 주택만 청약 가능(민영주택은 해당되지 않음)

59. 내가 만든 부동산 1인 법인에서 내가 왜 돈을 맘대로 못 빼? 中

J 씨는 본인명의 법인(생물학적인 사람은 아니지만 법률적으로 사람과 같이 취급하여 명의를 가짐)을 만들어 주택을 여러 채 투자해 법인세를 내고도 호황기를 누리며 수억 원을 벌었다. 그런데 문제는 법인이라는 객체에게서 돈을 빼 와야 하는데 급여나 배당의 경우처럼 합법적으론 세금을 많이 내고 빼 와야 한다. J 씨는 "내가 만든 법인에서 내가 왜 돈을 못 빼냐"며 무단으로 법인카드를 사용하여 개인 물건도 사고, 해외여행도 가고, 자식 유학비용도 사용하고 자기 편할 대로 거액을 사용했다. 그러다가 세무당국으로부터 (   ) 조사를 받으라는 청천벽력 같은 우편물을 받게 된다.

60. 세금 좀 아끼려다 자식 망치는 꼴이라니? 上

    A 씨는 자식에게 어떻게 하면 증여세를 안 내고 돈을 몰래 줄 수 있을까 고민에 빠졌다. 상속·증여에 관한 책을 사서 읽어 보니 현찰로 자식에게 준다면 세무당국이라도 추적하는 게 쉽지 않다는 글을 보고, 이게 웬 떡이냐며 몰래몰래 수년간 자식에게 현찰을 주었다. 그런데 A 씨의 자녀는 이 돈으로 호화생활은 할 수 있었으나, 이 돈을 굴릴 수 있는 방법은 없었다. 왜냐하면 받은 돈으로 주택을 사거나, 주식을 사면 그때는 과세당국이 가만있지 않을 거였기 때문이다. (과세 당국은 PCI(Property Consumption and Income Analysis System) 소득지출분석시스템을 이용하여 소득에 비해 소비가 많은 사람을 판별하여 소득이 없는 사람이 자산을 증식시키는 것을 막는 데 사용하고 있다) A 씨가 몇 년에 걸쳐 자식에게 몰래 준 현찰 2억 원을 합법적으로 증여하며 약 2천 만 원을 세금으로 내고 주택이나 우량한 주식을 사 주었다면 A 씨의 자산은 더 늘었을 거라고 생각하는가?(과세당국은 이러한 증여세를 회피하기 위한 행태를 막기 위해 상속일로부터 1년 내에 2억 원 이상이나 2년 내에 5억 원 이상의 자금이 인출된 경우로 그 자금출처가 불분명한 경우에는 사용처를 상속인에게 물어 사용처를 입증하지 못하면 사전증여나 탈루의사가 있는 것으로 보아 증여로 추정해 상속세를 과세하고 있다)

    (   )

61. 삼성동 아이파크, 도곡동 타워팰리스 둘 다 (　)분양이 났었다고? 下

강남의 대표적인 주상복합아파트 도곡동 타워팰리스라는 주상복합은 어느 건설사가 사용하던 브랜드였으며 이 아파트가 최초 분양 당시 분양상태는 어떠했는가?
(　　　　　　　　　　　　　　　　　　　　　　　　　　　　　　　　)

62. 과세당국이 활용하는 정보가 이렇게 정교하다고? 上

과세당국은 특정 조사기간을 선정해 세무조사 대상을 조사하는 데 특히 강남의 고가 아파트나 호화 빌라를 미성년자나 적은 나이에 매입하는 경우를 주로 조사하게 된다. 세무당국도 탈루혐의를 찾아 징수할 수 있는 대상에 집중하는 것은 당연한 결과라 할 것이다. 과세당국의 분석시스템은 갈수록 정교해지고 있는데 과세당국이 활용하는 정보가 아닌 것은?

A. FIU(금융정보분석원)의 수집 정보
B. 자금조달계획서
C. 신용카드 사용내역
D. PCI(Property Consumption and Income Analysis System. 소득지출분석시스템, 일정 기간 동안 각 개인의 신고소득과 재산증가내역, 소비지출내역을 비교 분석하는 시스템)
E. 병원 진료 내역서

63. 사전청약 분양가가 픽스(fix)가 아니라며. 근데 무주택은 유지하라고? 下

사전청약이 처음 나왔을 때는 분양가가 확정이었다. 하지만 현 정부의 사전청약은 분양가가 확정이 아니다. 그렇다면 사전청약에서 실제 아파트가 본청약 되기까지 8~10년이 걸린다면(불황기에는 분양이 미뤄지면서 상당한 기간 동안 본청약을 하지 못했다) 과연 확정되지 않은 분양가가 얼마나 부풀려질지 모를 일이다. 이렇게 분양가가 확정되지 않은 사전청약을 분양받았을 때 본청약까지 무주택을 유지해야 되는 것인가?

(   )

64. 100점 만점이 아니라 총 84점 만점 제도가 있다고? 下

인기 있는 공공분양주택의 경우 당첨이 매우 어려운데 청약 만점이 되기 위해선 인고의 세월이 필요하다. 무주택 기간 15년 이상(32점 만점), 모집공고일 기준 주민등록등본에 기재된 직계존비속의 부양가족 수가 6명 이상(35점 만점), 청약통장 가입기간 15년 이상이면 만점이다. 총 84점이 만점이라면 청약통장 가입기간 15년 이상이면 몇 점이 만점인가?

(   )

65. 우리나라 남향 선호 현상은 언제까지 갈까? 上

한강 남쪽에 위치한 재건축 단지들은 최근엔 특정 향보다는 한강을 바라보기 위해 동·서향을 가리지 않고 짓고 있지만, 아직까지도 대부분의 신규아파트는 특정 향을 중요시하고 있다. 신규 아파트 복합형 한 동에는 통상 4개의 호수가 들어선다. 2개 호수는 타워형이고 2개 호수는 판상형이다. 통상적으로 건설사는 거실 기준 남향인 타워형 평면을 더 큰 평형으로 배치하는가, 아니면 거실 기준 남동향이나 남서향인 판상형 평면을 더 큰 평형으로 배치하는가? 그렇게 배치하는 이유는?

( )

66. 주거용 오피스텔 샀다가 세금 더 내면 어떻게 하지? 中

주택을 소유한 사람이 주거용 오피스텔을 추가로 구매 시 주택 수에 포함되어 영향을 미치는 세금 및 정책이 아닌 것은?

A. 양도세

B. 취득세

C. 종부세(종합부동산세)

D. 주택청약 시

67. 아파트 단지 내 ( )장 그게 뭔데 아파트 값이 왜 이래? 下

아파트 구매에 있어 저층에서 조망권과 환경권이 침해되는 시설물로 이로 인해 냄새 및 소음, 분진 등이 발생할 수 있어, 아파트 가격 하락요인으로 주목되어 반드시 확인하고 매수해야 하는 단지 내의 구조물은 무엇인가?

(   )

68. 내가 살기 좋으면 그만이지, '왜 남을 신경 쓰고 살아'가 아파트에도 통할까? 下

아파트는 팔아야 돈이 되는 것이고 결국 올랐다 하더라도 자기의 계좌에 돈이 입금되어야 수익이 난 것이다. A 씨는 신도시 아파트를 구매 후 수억이 올랐으나 곧 불황이 찾아와 수억 원이 반 토막이 나고 말았다. 어차피 거주할 것이니 개의치 않는다고는 했으나, 수억 원에 팔고 나간 사람을 보면 부러움이 절로 난다. 그러다 A 씨는 본인이 거주하고 있는 주택과 언제든 오르면 팔 수 있는 주택을 각각 갖고 있는 것이 수익률을 극대화할 수 있다는 것을 알게 됐다. 아파트는 결국 현금화할 수 있어야 하는데 그렇다면 현금화를 가장 빨리 할 수 있는 아파트를 구매하는 것이 중요하다. 어떤 지역이건 자신이 살기 좋다고 하는 곳에 사는 것이 나은가, 아니면 누구나 살고 싶어 하는 곳에 사는 것이 나은가?

(   )

69. 거짓말 조금 보태 금보다 빨리 팔리는 아파트가 있다고? 中

경기의 등락에 관계없이 거짓말 조금 보태어 금보다도 더 빨리 현금화할 수 있는 아파트는 어떤 특징을 가진 아파트인지 4가지만 말해 보시오.

( )

70. 내가 이래 봬도 잘나가는 전문직 싱글인데 아파트 인프라 누리고 살아야지! 下

서울 핵심지에 재개발, 재건축되는 25평 미만(전용면적 60㎡ 미만) 아파트의 향후 전망을 가구 수의 변화와 가격적인 측면에서 경쟁력이 있을지 예측해 보시오.

( )

71. 재개발 정비구역지정은 안 됐어도 싸기만 하면 그만일까? 上

　서울·경기 지역 및 수도권 전역이 재개발이라고 해도 과언이 아닐 정도로 많은 개발계획이 발표되고 있다. 정비구역지정이 되어 실제로 재개발이 될 지역을 제외하고 가로주택정비사업, 신속통합기획, 3080도심공공주택복합사업, 모아주택, 단독주택 재개발 등 이름도 생소한 정부와 민간 주도의 재개발예정지들이 우후죽순으로 생겨나 부동산 하락기임에도 서울의 웬만한 입지에 정비구역으로 지정된 빌라는 그냥 P(프리미엄)가 2억 원부터 시작이다. 이런 곳을 중년 이상 된 사람이 지금이라도 들어가는 것이 나은 선택일까, 아니면 아무런 법적 지정이 안 되어 P(프리미엄)가 없는 곳을 찾아 1억 후반의 빌라를 사서 몸테크(열악한 재개발·재건축 대상지에 살면서 삶의 질을 낮추고 미래를 도모하는 것)를 하는 것이 나은 선택인가?

　(　　　　　　　　　　　　　　　　　　　　　　　　　　　　　　　　　　)

72. 분양권 취득 후 종전주택 비과세 받는 것도 모르면서 무슨 돈을 벌어? 中

일시적 1가구 2주택 비과세 요건을 모두 갖춰 기존 주택(먼저 산 주택)을 비과세 받아 본 A 씨는 이 세법이 기존 주택과 분양권(준공 후 아파트에 입주할 수 있는 권리)을 취득 후에도 일정 요건을 갖추면 기존 주택이 비과세 되는지 궁금해 알아보니 기존 1주택(비과세 요건이 모두 갖춰진 주택)을 분양권 취득일로부터 (   )년 이내 양도하면 기존 주택이 비과세 된다는 사실을 알았다.

73. 집값도 2배, 이자도 2배. 과연 이중고를 넘어 수익을 낼 수 있을까? 下

    2022년 미국 금리의 급격한 상승으로 인해 주택 가격이 곤두박질친 사례를 보면 역시 금리가 주택 시장에 미치는 영향은 가히 폭발적이라 할 것이다. 필자는 금리와 오른 가격이 집값을 끌어내린 걸로 본다. 2015년 2기 신도시 집값이 5억 원이었을 당시 매수자는 대략 3억 원 정도를 대출 받았을 것이고, 이자는 3.0% 정도였을 것이다. 지금은 주택 가격 9억 원으로 2배 가까이 상승한 상태에서 금리 또한 2배 가까이 됐으니 금리와 집값이 동시에 상승하였기에 이를 받아 줄 수 없었던 것이다. 그렇다면 집값은 그대로 올라 있고 금리만 내린다면 집값은 다시 한번 상승 곡선을 그릴 수 있을까?

    (   )

74. '○○○전자' 1주가 5만 원일 때 사 둘걸! 下

    주택 투자에 있어서도 주식처럼 우량한 주택을 사게 되면 일희일비하지 않아도 되는 점이 장점이라 할 수 있다. (주식에서 '○○○전자' 주가가 떨어져도, 대부분은 그 주식은 언젠가는 다시 오른다고 생각할 것이다. 주택도 마찬가지다. "그 집은 다시 오를 거야. 수요가 그렇게 많은데.") 주택에서의 '○○○전자'가 어떤 곳인지만 알면 하락을 기다렸다가 주택을 매입해도 괜찮은 것인가?

    (   )

75. 신축빌라 분양받았다가 나락 가 본 적 있니? 下

신축빌라를 구매하는 건 매우 위험하다고들 한다. 신축빌라라고 해서 다 나쁜 것은 아닐진대 신축빌라를 사는 데 있어 매우 신중해야 하는 이유가 아닌 것은?

A. 행정관청에서 준공이 나지 않았음에도 불법 분양하는 건축업자가 있으니 주의해야 한다.

B. 토지를 담보로 빌라를 짓고 나서 빌라를 분양 후에 토지 담보를 말소하지 않는 경우가 있으니 주의해야 한다.

C. 건축주가 실제로 분양하는지 등기부등본으로 확인해야 하고 계약금도 건축주에게 지급해야 한다.

D. 공급이 아파트에 비해 자유로워 신축프리미엄이 오래가지 못한다.

E. 빌라는 살 때는 쉬운데 팔기가 어려워 산 가격보다도 훨씬 못 받는 경우가 허다하다.

F. 재개발·단독주택 재건축 구역에 속해 있는 경우에 산 가격에 비해 감정평가를 제대로 받지 못한다.

G. 대출이 아파트보다 훨씬 잘 나온다.

76. 화장실 들어갈 때랑 나올 때랑 어떻게 같니, 서울시가 뭐라고 해도 막을 거라고? 上

최근 강남 일부 지역 등 서울시의 신속통합기획을 신청한 단지들에 서울시가 용적률 등의 인센티브를 주면서 소셜믹스(임대아파트와 일반아파트를 한 단지 내에 짓는 것), 공공보행로(한강공원 등을 시민들이 단지를 가로질러 편하게 갈 수 있도록 단지 내에 보행로를 조성하는 것) 등 공공성을 확보해야 한다는 요구를 이행하지 않으면서 인센티브만 확보하려는 설계안이 쟁점화되고 있다. 일부 단지들은 공공보행로를 설치하고도 준공검사 이후에 폐쇄하는 경우도 있다. 자치구에서도 공공보행로 등의 폐쇄에 마땅히 적용할 법이 없어 준공 전 아파트 (   )권과 지역권을 설정하려고 법 개정을 고심하고 있다.

77. 이번 정부는 재건축을 팍팍 밀어주는 건가? 中

    2종 일반주거지의 법적 상한용적률이 250%이고, 3종 일반주거지의 경우 법적 상한용적률이 300%이다. 3종 일반주거지역을 기준으로 재건축 시 법적상한용적률인 300%를 받는다고 해도 공원이나 학교 등에 기부채납과 임대주택 공급을 하게 되면 실제로 아파트의 용적률은 260% 정도가 적용된다. 이에 정부는 2023년 2월에 발표한 '노후계획도시 정비 및 지원에 관한 특별법'이 국회 통과에 따라 특별정비구역으로 지정된 곳에는 법적 상한용적률의 150%까지 완화된 기준을 적용해서 2종 일반주거지의 경우 법적 상한용적률을 250% → 375%로, 3종 일반주거지의 법적 상한용적률은 300% → 450%로 높여 준다고 한다. 이렇게 완화된 용적률을 적용받게 되면 3종 일반주거지의 경우 150%를 더 받기에 실제 용적률은 260%에서 ( )%로 늘어나 사업성이 확보될 것으로 보인다.

    A. 150%

    B. 200%

    C. 300%

    D. 410%

78. "법인은 (   )세를 얼마나 내요?" 법인은 (   )세 안 내는데요? 上

1인 법인을 만들어 주택명의를 분산투자 하는 것과, 한 사람이 여러 채를 구매하는 투자에 있어서 장단점이 존재한다. 예를 들어 법인은 개인이 부동산을 사서 이익을 내고 팔 때 내는 무엇이 없어서 유리하다는 것인가?

(   )

79. 부동산 로우리스크 하이리턴 가능할까? 下

하이리스크 하이리턴이란 말이 있다. 부동산을 이 말대로 투자했을 때에는 어떤 위험성이 있는가? 반면에 로우리스크 하이리턴이 부동산 시장에서 가능하다면 대표적인 로우리스크 하이리턴의 부동산 취득 방식은 무엇인가?

(   )

80. 경기권에서 메인은 아니지만 25평(전용면적 60㎡)을 3억 후반~4억 초반 대에 사면 승산이 있을까? 上

2024년 1월 기준 인천 신도시 신축아파트, 용인 동백아파트, 경기 광주 아파트, 고양시 덕양구 아파트, 시흥시청 인근 아파트와 경기 북부 의정부시 일대의 재개발 25평(전용면적 60㎡) 입주권이 총액 기준 3억 후반~4억 초반(추가부담금은 없다는 가정이다)대에 구매 가능하다면 지금 시점에 매수하는 것이 맞는 것인가?

( )

81. DSR(Debt Service Ratio, 총부채원리금상환비율), 제2금융권에서는 더 책정해 준다고? 中

2024년 1월 기준 DSR은 제1금융권에서는 40%이고, 제2금융권이나 보험사에서는 몇 %가 적용되어 대출을 더 받을 수 있다고 한다. 몇 %가 적용되나?

( )

82. 소득이 적은 사람도 주택담보대출 받는 방법이 있다고? 中

주택담보대출을 받으려는 사람이 있다. 연봉이 2,600만 원 이내라 대출한도가 제한적인데 신용카드(체크카드) 사용내역이 있으면 사용금액에 따라 대출한도를 늘려 줄 수 있다고 한다. 신용카드를 얼마나 사용해야 5,000만 원의 환산소득으로 인정해 주는가?

(   )

83. 골프장 조망과 호수공원 조망, 조망만 하면 되겠니? 이용도 해야지! 下

골프장이 조망되는 아파트와 호수공원이 조망되는 아파트가 있다. 접근성 면에서 어느 아파트가 시설을 이용하는 빈도가 더 높다고 생각하는가?

(   )

84. 법인은 주택 수, 규제지역 무관, 취득세 12%(공시가 1억 이하인 경우 제외)랑 종부세가 문제라고? 上

정부가 법인이 부동산을 팔고 나서 남은 이익에 대한 세금을 무겁게 매겨 투기를 막겠다고 시행한 정책 중에서 주택 수, 규제지역 무관, 취득세 12% 단일 세율 적용(공시가 1억 원 이하인 경우 제외), 법인주택 추가과세(20%)와, 종부세(종합부동산세)는 2주택 이하는 2.7%, 3주택 이상은 몇 %의 종부세를 기본공제도 없이 무겁게 과세하나?

(   )

85. 부동산 투자, 구더기 무서워 장 못 담글까? 中

양도소득세는 아무리 강조해도 끝이 없는 중요한 세금이다. A 씨가 양도소득세를 내더라도 계속해서 수익을 낼 자신이 있다면 3주택이 된다 해도 2채는 양도소득세를 내겠지만 마지막 주택은 1주택만 남게 되어 세금을 내지 않으니 계속 투자를 하는 것은 투자하지 않는 것보다는 나은 방향일까?

(   )

86. 미분양 주택을 양도소득세 100% 감면을 해 줬다고, 설마? 上

부동산 침체기에는 각종 세금을 완화해 주는 방식이 난무하는데. 그중 으뜸은 미분양 주택 양도소득세 비과세일 것이다.(계약서에는 비과세라는 직인까지 찍어 주고(단, 농특세 20% 과세), 기존 주택 수에 상관없이 비과세이다) 침체기에는 나름 괜찮은 미분양 아파트가 나오는데 이런 미분양 아파트를 면밀히 분석해서 향후 핵심이 되는 부동산이라고 판단되면 투자해도 괜찮은 것인가?(미분양 아파트는 미분양된 이유가 있으므로 반드시 주위 전문가 3인 이상과 상의해서 매입해야 한다)

(   )

87. 부동산 증여는 빠를수록 좋다는데 왜 그런 거야? 中

최근 강남의 재건축 아파트를 갖고 있는 사람들의 큰 걱정거리는 증여·상속세의 문제이다. 재건축 아파트를 과거에는 자식에게 증여한다 해도 증여세가 미비했고, 이렇게 오를지도 몰랐기 때문이다. 지금은 국세청에서 예의주시하고 있는 강남 아파트를 증여하는 것은 수억 원대의 세금이 발생하기에 매우 신중히 결정해야 할 사안이다. 그렇다면 아파트 가격은 계속해서 상승한다는 전제하에 증여는 자녀의 나이가 어떨수록 더 유리하다는 것인가?

(   )

88. 강남에 왜 그 많은 돈을 깔고 사는 거지? 上

　A 씨는 부채를 뺀 순수한 자산이 약 40억 원이다. 전문자격증이 필요한 직장을 다니고는 있으나 언제든 나온다고 해도 월세와 연금도 있어 부담이 되지는 않는다. B 씨는 부모님께 강남 아파트를 물려받아 순수한 자산이 40억 원이다. A, B 씨가 가장 관심을 갖는 주거지역은 어느 곳인가?

　A. 학군이 좋은 동네

　B. 안전한 주거환경으로 범죄율이 적은 동네

　C. 한 끼에 2만 원이 넘어도 좋으니 좋은 재료의 먹거리가 많은 동네

　D. 재테크 및 골프 등 본인에 맞는 모임이나 음악회 등 각종 문화 인프라가 잘 갖춰진 동네

　E. 집값이 기준금리보다는 더 상승할 것으로 판단되는 동네

　F. 위의 5가지가 잘 어우러진 곳에서 살면서 세금을 절약하는 방법을 나눌 지역모임이 있는 동네

89. 연령대별(30대, 40대, 50대, 60대) 투자방법대로 하면 돈 벌 수 있다고? 中

연령대별 주택투자에 대한 향방이다. 어떻게 하는 것이 좋은가?

　A 씨 부부는 30대 신혼으로 25평(전용면적 60㎡) 아파트에 살고 있다. 둘은 맞벌이고, 연봉도 꽤 되는 편이라, 서울과 신도시를 고민하던 중 신도시의 B급 입지의 아파트를 선택했다. 그런데 부동산 하락기가 도래하면서 고점에 매입한 것 같아 고민이 이만저만이 아니다. 이자를 내는 데는 문제가 없고, 생활하는 데는 만족하며 살고 있다. (순자산 3억 5천) A 씨 부부가 추가로 50만 원의 이자를 더 내면서 부모로부터 차용한 1억 원과 마이너스 대출 1억 원을 더해 하락폭이 더 큰 신도시 34평(전용면적 85㎡) A급 단지로 갈아타는 것은 어떤가?

　B 씨는 40대 중반으로 1주택자다. 신혼 때 집을 서울에 사서 상당한 시세차익을 보았다. 그동안 집값이 급등, 급락한 경험을 갖고 있어, 지금의 하락장은 크게 신경 쓰지 않는다. 그래서 지금 입지가 좋은 곳의 하락을 주시하며 집을 팔아 월세로 이사하고 그 돈으로 서울 핵심지 재개발 지분을 사려고 한다. (순자산 6억) B 씨는 갈아타는 것이 맞는 것인가?

　C 씨는 현재 50대 중반이다. 집을 한 채 갖고 있으나, 곧 퇴직이 가까워 집에 들어가는 이자나, 대출이 부담스러워 주택연금을 신청해서 매달 고정수입을 늘려 인생을 가치 있게 살고 싶다. 자녀에게 돌아갈 몫은 적겠지만 자식에게 할 도리는 다 했다고 생각하여 남는 것만을 상속해 주고자 한다. (순자산 10억) C 씨는 주택연금을 받는 것이 나은가, 아니면 10억짜리 집을 팔아 향후 가치가 있을 지역의 25평을 7억 원에 사고 3억 원을 인생을 위해 쓰는 방법이 좋은 것인가?

　D 씨는 현재 60대 후반이다. 자식들은 성장해서 결혼도 했고, 아직 결혼 안 한 막

내 딸이 있는데 36세다. 독립을 했다가 집 밥이 그립다며 다시 집에 들어와 함께 살고 있다. 아들 결혼비용과 전세를 보태 준 후 여력은 오직 10억짜리 집 한 채와 국민연금 120만 원과 150만 원 정도의 월수입은 가능한 입장이다. (순자산 7억) D 씨는 주택담보로 2억 원은 빌릴 수 있는 입장이다. D 씨는 주택 투자를 하는 것이 나은 것인가?

(   )

90. 분양가의 10%만 있으면 10%도 회수 가능하고 내 집 마련이 가능하다고? 下

A 씨는 일반분양 아파트를 분양받았다. 5억에 분양받았는데 2년 6개월 후 완공 시 P(프리미엄)가 2억이 붙어서 집단대출 실행 시(평가금액을 7억 원에 평가해 주고서 70%인 약 5억 원까지 대출이 가능하다고 한다) A 씨는 5억 원을 대출 받는다면 분양가 5억 원을 내고도 본인 돈은 한 푼도 없이 아파트를 갖게 된다. 대출금 5억 원은 월세를 놓아 일정 부분 상쇄할 수도 있을 것이다. 하지만 반대의 경우에는 어떨까?(입주 때 분양가보다 낮게 은행에서 평가하는 경우는 거의 못 봤지만) 분양가는 5억 원이었는데 입주 때 보니 시세를 3억 원으로 평가해 약 2억 원만 대출해 준다면 A 씨는 전세나 월세를 내주지 않는다면 얼마의 본인 돈이 필요한가?(분양가에 비해 입주 때 아파트 가격이 떨어질 수는 있지만, 은행에서 아파트 가격을 분양가보다 낮게 평가해서 대출을 해 주는 경우는 거의 없는 것으로 알고 있다)

(   )

91. 철근 누락은 뭐고, 무량판 구조 지하주차장 기둥 주두부 미흡공사는 뭐고, 건설사들 왜 내 분양을 막냐고! 下

최근 LH(토지주택공사)아파트의 철근 누락 및 무량판 구조 지하 주차장 기둥 주두부 미흡공사로 인해 공공분양 및 임대아파트의 신뢰가 땅에 떨어진 상태이다. 이러한 불미스러운 일들이 벌어졌을 때 해당 아파트 거주자나 분양받은 사람들이 가장 피해가 클 테니 적절한 보상이 이루어져야 할 것이고, 다음으로 손해를 볼 사람들은 LH아파트를 분양이나 임대하고자 하는 사람들일 것이다. 국토교통부에서는 LH 전관업체와의 계약을 백지화하며, 철저한 진상조사를 한다고 한다. 이에 따른 분양 시기가 늦춰지는 것이 문제이고, 이렇게 될 경우 분양가의 상승이 가장 우려되는 상황이다. 3기 신도시의 분양은 대략 얼마나 연기가 될 것으로 예측되는가?

(   )

92. 1인 법인 어떻게 만들어? 법인에 감사는 있어야 되지 않나? 上

　　1인 법인을 설립할 시에도 반드시 2명이 필요하다. 그 이유는 주식을 하나도 소유하지 않은 임원(감사)이 작성해야 하는 (　　) 보고서를 제출해야 하기 때문이다. 임원(감사)이 (　　) 보고서를 작성했다면 1인 법인 본인 한 사람과 감사 한 사람이 필요한 것이다. 감사는 법인 설립 후 사임시킬 수 있어 1인 법인이 가능한 것이다.

93. 나도 서울시장이야. 나도 실적이 있어야 뭘 한번 해 볼 거 아니냐고! 下

　　모아주택은 서울시에서 야심차게 기획한 사업으로 현재 81곳이 지정되어 있다. 향후 2025년까지 총 100군데를 지정하겠다고 한다. 번동 모아주택 시범지구는 재개발사업보다 3~4년 빠르게 진행되며 급물살을 타서 이주 단계에 있으나, 최근 모아타운을 해제하는 구역이 나오는 등 모아타운의 성공 여부는 불투명한 상태이다. 또한 모아타운은 세입자에 관한 보상(서울시는 2022년 9월) 빈집 및 소규모 주택 정비에 관한 특례법 개정안을 통해 재개발 조합에서 세입자 손실을 보상할 경우 용적률 완화 및 임대주택 건립비율 축소 등의 혜택을 주겠다고 하였으나 강제성이 없기에 세입자 대책 또한 시급한 문제로 대두되고 있다. 그렇다면 모아타운을 추진 중인 서울시는 이러한 여론을 반영해 개선책을 내놓을 수 있을 것 같은가?

　　(　　　　　　　　　　　　　　　　　　　　　　　　　　　　　　　)

94. 내가 내 법인에서 월급을 받고 그 소득을 인정받아 대출도 가능할까? 上

　1인 법인이 자녀나 부모를 고용하고 월급을 지급하는 것이 가능하다는 것을 다들 아실 것이다. 그렇다면 본인이 1인 법인을 설립하고 본인이 본인에게 월급을 줘서 은행 대출 시 소득 자료로 제출하는 것이 가능한 것인가?
　(　　　　　　　　　　　　　　　　　　　　　　　　　　　　)

95. 며느리, 사위, 손자·녀랑 자식은 증여재산을 상속재산에 포함하여 과세하는 기간이 다르다고? 中

　사위, 며느리, 손자·녀는 상속인이 아니므로 상속개시일 전 5년 이내에 피상속인이 증여한 재산의 가액만을 상속재산가액에 포함시킨다. 반면에 자식은 상속인이므로 몇 년 이내에 증여한 재산까지 상속재산 가액에 포함하여 과세하나?
　(　　　　　　　　　　　　　　　　　　　　　　　　　　　　)

96. 상생임대주택 비과세는 국토부 장관 손에 달렸다고? 上

　상생임대인 제도는 일정 주택을 소유한 자가, 조정대상(조정)지역에서 집을 매입하고 양도세 비과세를 받기 위해서는 실거주 2년을 해야 하는데 상생임대차 계약을 하면 실거주 2년을 안 해도 실거주한 것으로 인정해 주겠다는 것이다. 그렇다면 상생임대차 계약에서 직전계약을 1년 6개월 이상 하고 나서, 이후 상생임대계약(직전계약에 이어서 이루어지는 계약)을 맺고 상생임대계약을 2년 이상 하면 실제 거주하지 않았지만 거주로 인정해서 양도세를 비과세 해 주겠다는 것이다. 여기서 상생임대차 계약의 개정은 시행규칙에 해당되는가?

　(   )

97. 종부세(종합부동산세), 빌딩 가진 찐 부자는 안 걷고 왜 나만 걷느냐고? 上

　종합부동산세(종부세)는 주택과 토지에 한해 매겨지는 세금으로(상가에 있어서는 건물분은 제외한 토지분만 과세대상이 되고, 땅(토지)에 있어서는 나대지나 잡종지 등이 해당된다) 아파트(주택)의 경우 과세기준금액 12억 원이 초과되면 과세대상이고(2주택 이상은 9억 원 초과), 땅(토지)의 경우는 5억 원이 초과되면 종합부동산세 과세대상이 된다. 상가의 경우 얼마가 초과되어야만 과세 대상이 되는가?

　(   )

98. 집주인 대출이 확정일자보다 하루 빠르다고? 그럼 내 전세금은? 上

　국가에서는 임차인의 권리보호를 위해 동사무소에서 확정일자를 받으면 대항력이라는 게 생겨서 임차인의 확정일자 이후의 후순위 권리는 임차인보다 앞설 수 없어 임대차보호법의 보호를 받도록 하고 있다. 그런데 문제는 확정일자는 동사무소에 확정일자를 신청한 (　　) 날부터 효력이 발생하고, 반면 주인이 몰래 대출을 신청 후 그 대출이 실효되는 날은 대출 당일이 되므로 은행은 임차인이 확정일자를 신고한 날은 알 수가 없어 임차인이 없는 것으로 해석해 임차인보다 하루 앞당겨 임대인에게 대출을 내주어 임차인의 권리를 훼손하는 경우가 있다. 그래서 정부는 이런 사기를 막기 위해 5대 은행(올 4월부터 기업은행 및 제2금융권 포함), 한국부동산원, 국토부 등이 연계해 확정일자 효력 발생 전의 대출실행을 미리 막는 시스템을 시행하고 있다고 한다. 하지만 더 중요한 건 법을 개정해서 확정일자를 받으면 당일 날 효력이 발생하게 하면 보다 근본적인 대책이 될 것이다. 임차인은 임차인 스스로 계약 전에 전세금을 지키는 노력이 필요하다. HUG의 '안심전세' 모바일 등을 통해 공인중개사의 경력, 시세 파악이 쉽지 않은 준공 전 신축빌라, 연립, 다세대, 아파트, 오피스텔 시세를 알려 주고, 가장 중요한 전세 보증금 반환보험에 가입 가능한 주택인지 확인 후 반드시 가입해야 한다.

99. 부동산 규제지역 왜 이렇게 복잡해? 下

부동산 규제지역은 투기지역·투기과열지구·조정대상(조정)지역으로 구분 된다. 투기지역은 (   )재정부가 지정하고, 투기과열지구·조정대상(조정)지역은 국토교통부가 지정하던 것을 국토교통부로 일원화하고 규제지역도 부동산관리지역 1단계와 2단계로 간소화하는 법 개정(안)이 국회에서 논의 중으로 법안 통과를 지켜봐야 할 것 같다.

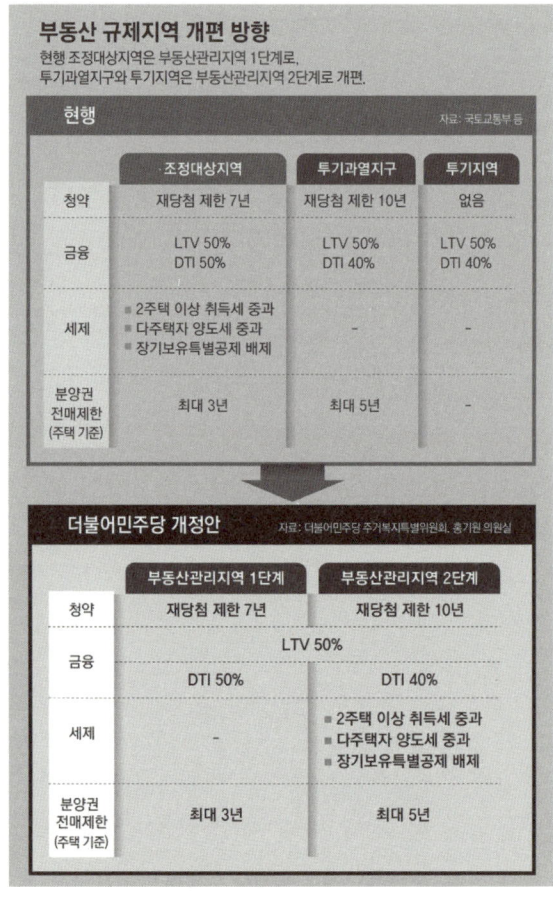

100. 창릉 신도시 조감도만 보면 자족용지의 규모를 알 수 있다고? 上

다음 그림은 3기 신도시인 창릉 신도시 미래 청사진을 그린 조감도이다. 자족용지가 표시되어 있다.

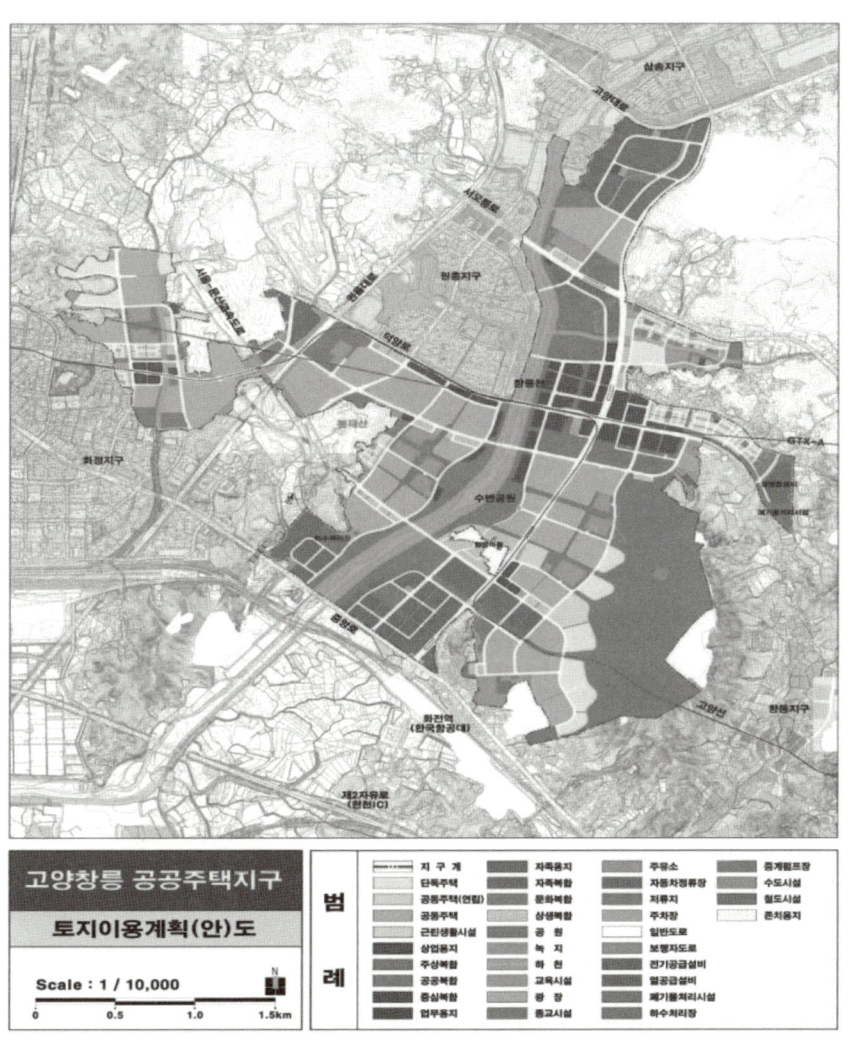

자족용지는 1기 신도시 → 2기 신도시 → 3기 신도시로 가면서 점점 비율이 (   ) 지고 있다. 자족용지란 신도시 자체 내에서 업무 및 생산, R&D, 판매, 배송 등을 담당하는 기능을 높여 고용을 창출하고 지역경제 기반을 만들 수 있는 시설이 건립되는 용지를 말한다. 최근에 조성하는 신도시일수록 자족용지의 비율을 높이는 것은 바람직한 계획이나, 이들 계획이 판교처럼 특화된 전문기업 유치가 가능해야 하고, 기업이나 관련 기관과의 전문적인 계획 없이는 용지의 기능이 주거용 오피스텔이나 지식산업센터의 남발로 저해되는 것을 경계해야 한다. 현재(2024년 1월) 3기 신도시나 택지개발지구 내의 오피스텔, 지식산업센터는 포화 상태며, 여기에 더해 용지를 분양받고 나서 짓지 않은 부지도 널려 있기에 오피스텔, 지식산업센터의 매수는 신중해야 한다. 더욱이 오피스텔의 경우 신도시 내의 상업시설용지나 주상복합용지 주변과의 접근성이 연계되어야 한다.

실전 100문제 1회
정답

1. 10%, 60%

2. D

3. D

4. 농촌(시골)

5. 땅(토지)

6. 손해를 덜 봤을 뿐 아파트 투자에 비해서는 손해가 더 크다.

7. 경쟁률

8. A. 갭투자는 불법적인 투자방식은 아니다.

9. 안전

10. A

11. 한강변에 국한될 확률이 높다. 예로 타워팰리스도 공개부지가 존재한다. 하지만 타워팰리스 앞 공개부지에 일반인들이 거의 가지 않는 것과 유사하다. 용산공원도 마찬가지다. 결국 주변인들이 더욱 혜택을 누리게 된다.

12. D

13. 집단

14. 건폐율, 현재

15. 같은 사태가 온다고 본다.

16. 환승(신림경전철은 1호선, 2호선, 5호선, 9호선이 환승되는 알짜 노선이기 때문이다)

17. 없다, 3억 원

18. 서울의 34평과 25평의 가격 격차는 3~4억 원 가량 되고, 34평이 계속 상승한다면 34평을 선호하던 현상이 가격적인 부담으로 인해 자연스레 25평으로 옮겨 갈 수 있을 것이고, 같은 맥락으로 경기도 역시 25평의 인기가 더 오를 것이다.

19. 입주권(분양권의 경우 상황에 따라 중과대상에 포함되기도 한다)
20. 사람에 따라 다르긴 하겠으나, 사람이 설 수 있을 만큼의 다락방이 아닌 경우 시간이 지나면 지날수록 그 활용도는 낮아지고 오히려 거추장스러운 시설이 될 수 있다.
21. 5군데
22. 아니다. 당첨받기가 어렵기 때문에 일반분양자보다 1억을 더 주고 샀어도 이익이 되는 것이다. 당첨프리미엄이 호황기의 경우 기본 몇 억이다.
23. 재건축과 재개발 조합원은 결국 일반분양을 하는 것을 보게 된다. 그래서 일반분양도 잘 알게 되고 그 관심이 공공분양 등으로 확대되는 경우가 많다.
24. 교육적인 콘텐츠가 늘어날 것 같다. 입주민 로봇 건강 헬스케어 같은 건강 콘텐츠가 늘 것 같다.
25. 개인공간의 보안적인 측면과 공용면적으로 인한 편리성 측면은 여타 거주형태보다 월등하기 때문이다.
26. 약 2~3억 가까이 차이가 난다.
27. 5년
28. 지구 지정이 되고 투자하는 게 낫다.
29. 리모델링
30. 45평(전용면적 114㎡)이다. 개인차는 있으나, 충분한 개방감과 분양가 대비 대형보다 수익에 있어서 우위에 있는 경우가 많다.
31. 500
32. A, B
33. 조정대상(조정)지역
34. A

35. 10년 정도는 보유해야 등락에 크게 좌우되지 않게 된다.

36. 수변(물놀이)

37. (아리팍) (엘스, 리센츠, 트리지움) (우미, 선경, 미도) (미성, 미도, 삼호) (우미, 극동, 신동아) (금천구·관악구·구로구) (청약은 무슨, 프리미엄 주고 사) (슬리퍼 차림으로 카페, 편의점 극장, 도서관, 쇼핑몰 등 각종 편의시설을 이용할 수 있는 주거 권역)

38. 강남과 여의도 등 핵심 상업지구로의 접근성이다.

39. 재개발이나 재건축 조합에는 대의원이 존재하는데 대의원들이 조합장의 의견을 맹목적으로 수용하는 경우가 상당하다.

40. 높게 지을 수 없기에 역설적으로 희소성을 갖는다.

41. 시흥, 신사, 부, 내곡

42. 경기 동쪽으로는 광주까지, 경기 서쪽으로는 월곶판교노선이 개통 시 시흥시까지, 남쪽으로는 화성시까지, 북쪽으로는 강남까지 수혜를 볼 것으로 보인다.

43. 실제 거주하는 내부 공간이 적다는 의미로 오피스텔은 특히 발코니가 없기에 전용면적도 좁은데 발코니도 없어 상당한 차이가 난다.

44. 복

45. 아니다. 3채 임대 중 1채의 임대주택요건을 못 갖췄다면 1채만 중과세를 맞는다.

46. 한정

47. D

48. 일조권

49. 달러는 기축통화이고, 기축통화의 역할이 무너지면 미국도 무너진다고 봤을 때 미국은 어떻게든 인플레이션을 일으켜 달러를 강하게 만들고, 그로 인해 세계를 좌지우지하고 싶어 한다. 결국 앞으로도 지속된다고 보는 게 맞는다고 개인적으

로 생각한다. 왜 달러는 위기 이후에 다시 강달러가 되는지는 모른다 해도 결국 주택 시장에 있어서는 달러를 풀고, 이후 인플레이션이 되면 회수하기 위해 금리를 올리고, 그로 인해 세계경제가 휘청거리고 집값이 떨어진다고 하면 그 기간이 얼마인지는 몰라도 그 길목을 지키고 있어야 한다.

50. 월곶판교선
51. B 씨, 종신보험이나 개인연금이 필요한 사람도 있겠으나, 결국 인플레이션을 따라가지는 못한다.
52. 안목
53. 양도
54. 핵심지역 투자를 하지 못한 결과로 수억 원의 시세차익을 못 얻게 되었다.
55. 10년 이상 걸릴 것 같다.
56. E
57. 약 50%
58. C
59. 특정조사기간에 세무당국으로부터 세무조사 대상임을 통보받았다.
60. 더 늘었을 것이다. 즉 자녀에게 몰래 현금을 주는 것은 자녀가 호화생활을 하게 만들고, 결국 자식을 사치에 빠질 확률을 높이게 된다. 합법적으로 증여세를 내고 주택이나 물권을 사는 것이 낫다.
61. 미분양(타워팰리스는 삼성물산 건설부문이 사용하던 주상복합 브랜드로 이후 트라팰리스로 바꾼다. 타워팰리스는 처음 분양 시 미분양이 나서 재분양을 한 주상복합이다)
62. E
63. 유지해야 한다.

64. 17점

65. 거실 기준 남향인 타워형 평면을 큰 평형으로 배치한다. 이유는 우리나라는 남향 선호 성향이 강하기 때문이다.

66. D

67. 쓰레기분리수거

68. 누구나 살고 싶어 해야 관심을 갖고 거래가 빈번하고 가격이 오른다. 자신만이 좋다고 여기는 단지는 결국 하락기에는 더 많이 하락하게 된다.

69. 서울 및 경기 주요 역세권, 대단지, 신축, 초품아(초등학교가 단지 내에 있는 아파트), 학세권, 빅브랜드 등으로 4개를 고르면 된다.

70. 인구는 감소하고 있지만 1인 가구는 오히려 늘어나는 추세이기에 25평 미만(전용면적 60㎡ 미만) 아파트의 선호도는 증가할 것으로 보이고, 가격적인 측면에서도 치솟는 분양가에 대비 소형이기에 경쟁력이 있을 것 같다.

71. 재개발은 가급적 최소한의 법적단계가 된 곳이 리스크가 없어 더 낫다.

72. 3년(기존 주택 취득일로부터 1년 이상 지난 후 분양권을 취득하고)

73. 상승 곡선을 그릴 수는 있으나 그 시점이 빠르지는 않을 것으로 본다. 상승 곡선을 더디게나마 그린다고 보는 이유는 분양가에 있다. 미국이 달러를 엄청나게 발행한 시점에 그 달러는 회수된다 해도 일부일 것이고 풀린 돈은 사라지지 않을 것이기에 화폐가치는 하락하고 분양가는 상승하는 현상이 계속될 것이다. 2023년에 분양한 서울 및 경기권 단지들이 엄청난 분양가임에도 거의 다 분양되는 것을 보면 분양가가 집값을 상승시키는 현상을 배제하진 못하겠다.

74. 사도 된다. 최악의 경우 자기가 들어가서 살 수 있다는 것이 주식과는 다르다.

75. G

76. 지상

77. D
78. 양도세가 없지만, 법인세를 내는데 경우의 수를 비교해야 한다.
79. 부동산은 큰 금액이 소요되기에 하이리스크 하이리턴은 큰 손실을 보기 쉽다. 공공분양 청약은 대표적인 로우리스크 하이리턴이 가능하다고 본다.
80. 하락에 머물러 있는 지역 아파트 25평(전용면적 60㎡ 이하)은 장기적으론 적게라도 이익이 날 것으로 예상한다.
81. 50%, DSR(Debt Service Ratio, 총부채원리금상환비율)은 개인이 1년간 갚아야 하는 담보·신용대출 등 모든 부채의 원리금(원금 + 이자)을 연소득으로 나눈 비율로 현재 제1금융권에서는 40%이다.

    DSR = (주택대출 원리금 상환액 + 기타 대출 원리금 상환액)/연간 소득, 즉 연봉 3천인 사람이 10억 원의 주택을 구매할 때 연봉 3천의 40%인 1,200만 원 이상 상환하도록 빌려주지 않겠다는 것이다.
82. 2,600만 원의 카드 사용실적
83. 골프장은 예약이나 기타 절차에 의해 사용이 가능하지만, 호수는 어제든 갈 수 있어 더 사용이 자유롭다.
84. 5%
85. 투자하지 않는 것보다는 낫다. 하지만 핵심 물건이 아닌 경우 잘못 투자하면 회복하기 어렵다.
86. 침체기에 돈을 벌 수 있는 가장 좋은 방법이다. 2013년에 신도시 분양 및 기존 아파트의 경우 한시적 양도세 면제기간(1년)을 줬는데 그때 왜 여러 채를 못 샀는지 한탄하는 사람이 많다.
87. 증여는 미리미리 하는 것이 미래가치를 매겨서 과세하지 않기에 주택에 있어서는 매우 좋다. 10억 이하의 상속은 현재로선 아내가 생존하고, 자녀가 있다면 과

세되지 않는다.

88. F
89. A 씨 맞다, B 씨 맞다, C 씨 주택연금보다는 아파트 구입이 낫다, D 씨 투자보다는 자산을 지키며 노후를 가치 있게 보내는 것이 낫다고 본다.
90. 3억
91. 2~3년 늦춰질 것 같다.
92. 조사
93. 과거 서울시장의 뉴타운이 부각됐듯이, 오세훈 시장의 실적을 위한 적극적인 정책 중 하나이기에 나름 개선책을 내놓을 가능성도 배제하긴 어려울 것 같다.
94. 가능하다.
95. 10년
96. 시행규칙에 해당되어 국토교통부에서 개정 가능하다.
97. 80억 원(공시가격)
98. 다음
99. 기획
100. 높아

실전 100문제 2회 문제요약
(총 100문제)

101. 신생아 특별전형! 출산율 높일 수 있을까? 下
102. 청년 K 씨는 공부 안 하곤 절대로 부동산 투자 안 한다고? 下
103. 강남(강남구, 서초구, 송파구)은 계속해서 최상위 지역을 유지할까? 下
104. 현재 시점(2024년 1월)에 서울 내 빌라를 (   )로 받는 게 어떠냐고? 中
105. 부모님이 돌아가시면 세무당국이 부모님 계좌를 들여다볼까? 上
106. 일반분양 아파트에 당첨되어 입주할 수 있는 권리를 사고파는 게 그렇게 쉽다고? 中
107. 아파트값이 많이 떨어져 사고 싶은데 아, 꽁꽁 묶인 내 돈이여! 下
108. (   )분양이 더 좋은 거야, 공공임대가 더 좋은 거야? 中
109. 서울시 25개구에서 (   )는 면적이 제일 크다는데 (   )는 인구가 제일 어떻다고? 中
110. 주말농장 하면서 양도세도 절세한다고? 上
111. 막걸리 사 들고 이장님 만나러 가야지. 근데 요즘도 만나 주시려나? 下
112. 미분양, 그것이 알고 싶다. 알려 줄래? 中
113. 중심선치수, 안목치수 이게 뭐냐고? 上
114. 부모님께 받은 상속재산 얼마가 넘어야 상속세를 내는 거야? 下
115. 요람에서 증여해서 30세까지 증여하라고? 上
116. 중도금대출을 안 받으면 현찰이 많이 들어가서 사고팔기 쉽지 않다고? 下
117. 여보! 우리 부부 간 증여해서 세금 절세할래? 근데 이월과세가 뭐야? 上

118. FIU(Financial Intelligence Unit, 금융정보분석원) 여기가 FBI보다 더 무섭다며? 中
119. 우리 아들·딸 알바해요. 독립세대 아닌가요? 中
120. 조합원 추가분담금이 무슨 고무줄이냐, 그것도 늘어나기만 하는? 中
121. 법인은 생물학적 사람은 아니지만 법적으로 사람이라며. 근데 왜 증여세를 안 내냐고? 中
122. 광역시 아파트는 구매 시에 뭐가 중요할까? 中
123. 전세가는 떨어지기 힘드니까 전 재산 털어서 갭투자 고고싱해도 된다며. 그런데 전제 조건은? 中
124. 전세금반환보증보험 가입 가능한 회사, 내가 알아야 하나? 몰라도 되지만 보증보험은 가입할 거지? 下
125. 단지 내 조망이 요즘 예술이라며? 下
126. 국토교통부 장관님, 재건축만 챙기지 마시고 리모델링도 좀 챙겨 주실 거죠? 上
127. 신도시 내의 핵심지역 아파트와 주변 아파트의 가격 차는 얼마가 적당할까? 中
128. 민간임대주택은 10년 동안 임차인으로 거주하면 우선분양권을 주는 건가? 中
129. 2022~2023년에 분양한 단지들(동탄, 용인, 광명, 서울 은평구·동대문구·동작구·마포구·광진구·송파구) 누가 많이 오를지 VS 놀이해 볼래? 上
130. 소액으로 재개발 지분을 사는 방법이 있다고? 上
131. 상가주택(점포 겸용 단독주택)은 주택 부분과 상가 부분을 따로 양도소득세를 내는 건가? 上
132. (   )는 대통령령으로 못 바꾼다고? 中
133. 강남(부촌)은 명품 에르메스(Hermès)처럼 가격의 한계가 없다고? 上
134. 어부지리가 구형 아파트에도 적용될까? 下

135. 재개발·재건축 조합원지분을 돈으로 받는 사람도 있나? 中

136. 신규아파트 임차인 보증금으로 잔금 치르면 상생임대인 조건이 안 된다고? 上

137. 법인은 주택 매도 후 손해가 나도 그게 끝이 아니라 구사일생하는 방법이 있다고? 中

138. 주택연금이 (   )로 이자를 걷어 간다고? 이게 말이 되냐고! 上

139. 대규모 랜드마크 주변이라도 열심히 임장해야 되나? 下

140. 리모델링아, 너는 왜 4베이로 재탄생하는 게 힘든 거니? 中

141. 몸 따로 마음 따로, 아빠는 일하고 주말에만 간다고? 下

142. 입주권 취득 후 종전주택 비과세 받는 것도 모르면서 무슨 돈을 벌어? 上

143. 대규모 군락 재개발은 무조건 빨리 분양받아야 한다고? 분양가 차이가 어마어마하다고? 그럼 신도시는 어떤 거야? 下

144. 오피스텔 부가세 환급받기 왜 이리 힘들어? 上

145. 공공분양에서 세대구성원의 당첨 사실이 중요한 이유는? 下

146. 내가 그때 그 가격에 분양만 받았어도! 中

147. 법인은 양도차익이 크면 개인보다 세금을 덜 낼까? 上

148. 부적격 당첨이 (   ) 공급에서 더 많다고? 下

149. 판상형이 인기가 더 많다고? 中

150. 상생임대주택, 신경 써야 될 게 왜 이리 많아? 上

151. 세무당국은 내가 사용한 (   )카드에 관심이 무지 많다? 中

152. 25평 팔고 34평 사는 게 소원인데? 中

153. 상가보증금 (   )만 원을 포기하고 나갈 줄이야! 上

154. 강남 아파트를 오피스텔 때문에 비과세 못 받는다고? 中

155. 모델하우스에 분양설명 도우미만 보고 온다고? 下

156. 지식산업센터, 아무 업종이나 임대 안 된다고? 中

157. 입주권·분양권은 감정평가로 증여한다고? 上

158. 임대사업자가 10년 임대 안 해도 한 걸로 봐 준다니? 上

159. 신의 영역인 금리변동 시기를 나보고 맞춰 보라고? 上

160. LTV(Loan To Value ratio, 담보인정비율) (   )%까지 담보대출을 해 준 이웃 나라가 있다고? 이게 가능했다고? 下

161. 1기 신도시 재건축은 노후계획도시 정비 및 지원에 관한 특별법 제정에 달렸다고? 上

162. 너도 나도 독립, 혼자 사는 게 편해? 下

163. 자녀법인에 부모 집을 넘기고 돈은 죽을 때 받는다고? 上

164. 9급도, 7급도 싫다. 월급 많이 받는 게 최고라고? 中

165. 1순위보다 먼저 분양하는 (   ) 공급 경쟁률을 예의주시해야 한다고? 下

166. 단독·다가구 주택을 상업시설인 근린생활시설로 바꾼다고? 中

167. 주택법 개정령을 소급해 줘야 나도 혜택을 받는 거라고? 中

168. 재개발은 임대주택 건설 의무가 있는데 재건축은 임대주택 건설 의무가 없다고? 上

169. 모아타운은 각각 조합장이 다른데 의견 일치가 가능해? 上

170. 올해 총선을 앞두고 여당에서 통과시키고 싶어 하는 부동산 안건은? 下

171. 성남~강남(9.5㎞)고속도로야, (   )에서 평택까지 한 번에 밟아 볼 수 있겠니? 中

172. 딸·아들아, 내 보험금은 너희들이 타라. 근데 보험금은 누가 내야 되니? 下

173. 고속도로야, 지하로 달려서 숨통 좀 틔우자! 中

174. 4베이가 대세라며. 근데 왜 서울은 잘 안 되는 거야? 下

175. 매달 이자가 얼마나 나가야 집 사서 이익인 거야? 中
176. 수요와 공급법칙, 이걸 초등학교 때 배웠나? 언제 배웠나? 下
177. 1기 신도시야, 너희가 먼저 빨리 재건축해라. 우리한테도 콩고물 좀 떨어지게! 下
178. 분당, 일산, 평촌, 중동, 산본 1기 신도시야, 네가 서울인 나를 재낀다고? 上
179. 서울이 만만해 보이니? 세계 경쟁력 순위 한번 볼래? 下
180. 군대에서 몇만 원까지 모아서 보탠 내 피 같은 보증금, 최우선변제금 이하면 안심이라고? 下
181. 마포구 대흥역 주변이 뭘로 변모되고 있다고? 上
182. 서울 경전철 우습게 보다가 큰코다친다고? 下
183. 나의 구세주 GTX야, 근데 얼마면 태워 주겠니? 下
184. LH·SH 단지 내 상가 분양이라고 들어 봤니? 上
185. 오피스텔 너 너무 많잖아! 근데 여기는 계속 못 짓는다고? 中
186. PF대출(project financing) 부실, 시행사(developer), 시공사(constructor) 뉴스에 매일 등장하는 단어인데 서로 상관관계가 어떤 거니? 上
187. 원수에게나 권하라는 지역주택조합, 도대체 왜 그런 거야? 中
188. 1기 신도시 중에 누가 제일 높게 지었니? 下
189. 수도권 개발은 이 법이 우선 허용되어야 한다고? 上
190. 타워형, 판상형 이름은 많이 들어 봤는데 환기랑 연관이 있다고? 中
191. 옛날 구형 아파트 동의 일자로 배치된 단지들은 다 판상형이라고? 上
192. 법인아, 전용면적 85㎡ 이상 주택 팔면 부가가치세 더 내야지? 上
193. 1층이지만 제일 잘나가는 이유가 있다고? 中
194. 세대별 과세는 뭐고, 인(개인)별 과세는 뭐냐고? 中

195. 공공분양 분양가 토지낙찰가를 알면 분양가를 알 수 있다고? 上

196. 뉴:홈(공공분양주택 50만 호의 새로운 이름) 중에 (   ) 임대부 주택 들어는 봤니, 누가 나쁘대? 中

197. 상승·하락 부동산 유튜버가 조회수보다 컨설팅 비용에 목숨 거는 이유는? 下

198. 수도권 인구가 전국 인구의 몇 %라고? 下

199. 다주택자는 다 하는 방법이 있었구나? 上

200. 빨대효과(straw effect)라고 혹시 들어는 봤니? 上

실전 100문제 2회
(총 100문제)

101. 신생아 특별전형! 출산율 높일 수 있을까? 下

2023년 신생아 특공이 발표되었다. 기혼가구에서 출산가구로 범위를 넓혀 2022년 합계 출산율이 0.78명, 신생아 수는 24만9,000명으로 통계조사 이후 가장 낮은 수준을 보이자 파격적인 혜택으로 출산을 장려하려는 정책으로 보인다. 다음에서 신생아 특공의 혜택이 아닌 것은?

A. 연간 생애 최초, 신혼부부 특별공급 물량의 20%를 출산 가구에 우선 배정

B. 무주택 세대의 경우 소득에 따라 1.6~3.3%의 특례 금리를 5년간 적용

C. 소득 기준 1억 3,000만 원 이하로 완화

D. 대출 가능한 주택 가격은 15억 원 이하

102. 청년 K 씨는 공부 안 하곤 절대로 부동산 투자 안 한다고? 下

사회 초년생 K 씨는 3년간 직장 생활을 통해 종잣돈 3천만 원을 모았다. 이 돈으로 부동산을 살 금액은 안 된다고 생각했기에 주식이나, 코인 쪽에 관심을 갖고 있었다. 그런데 치솟는 오피스텔 임대료에 부동산을 사 보기로 마음먹었다. 주변 얘기를 들어 보니 오피스텔, 지식산업센터, 지역조합주택, 생활형숙박시설 등은 절대로 사지 말라고 한다. 이유로 맞지 않는 것은?

A. 신규오피스텔을 구매하고 2년도 지나지 않아 바로 옆에 신축오피스텔이 지어지면서 매입했던 오피스텔은 순식간에 구축으로 바뀌면서 임대료가 하락하였다.

B. 지식산업센터에는 아무 업종이나 세입자를 들일 수 없어 공실이 1년이 넘게 지속되고 있다.

C. 지역주택조합을 통해 주택을 마련하기 위해서는 토지를 95% 이상 확보해야 사업이 착공되어 진행되는데 땅을 매입하기는 고사하고 승인도 안 된 지역주택조합이라는 곳에서 비리를 저질러 사업 자체가 진행이 안 되는 경우가 허다하다.

D. 생활형숙박시설은 소유자 본인이 전입신고를 하고 위탁업체 없이 들어가서 살 수 있기에 2025년부터 부과되는 시세의 10%에 달하는 엄청난 이행강제금을 내지 않아도 된다.

103. 강남(강남구, 서초구, 송파구)은 계속해서 최상위 지역을 유지할까? 下

강남 반포동, 잠원동, 압구정동, 잠실 등의 재건축 단지들이 향후 대한민국 아파트 시세의 최상위 단지가 될 것이라고 예측하는 부동산 관계자들이 많다. 그렇다면 강남구와 서초구, 송파구에 걸친 이들 지역들이 시세를 주도하게 될 만한 요건이 아닌 것 두 가지는?

A. 건축기술의 발달로 북향으로 창을 내는 데 어려움이 없어 한강 조망권이 극대화됐다.

B. 재건축 시 여러 단지를 하나로 묶어 복합개발을 함으로써 기반기설이 더욱 확충됐다.

C. 대부분 1군 건설사로 아파트의 평면 및 외관을 고급화했다.

D. 2호선, 3호선, 7호선, 9호선 등의 핵심지하철을 이용하기에 편리하다.

E. 인구감소로 인해 강남의 학군도 급격히 쇠퇴할 것 같다.

F. 지방에서 부를 이룬 사람들이 미래의 투자처로 강남을 선택할 확률이 더욱 높아질 것 같다.

G. 용산구의 각종 개발호재로 용산구의 아파트 가격이 강남 3구의 아파트보다 훨씬 더 비싸지면서 강남 3구의 수요는 급격히 하락할 것 같다.

104. 현재 시점(2024년 1월)에 서울 내 빌라를 (　　)로 받는 게 어떠냐고? 中

빌라의 전세 가격이 떨어지면 투자자(다주택자)는 갭투자가 힘들어지고, 실수요자 위주의 시장이 되면서 다주택자들이 시장에 진입을 꺼려하고 부동산 가격은 전반적으로 주춤할 수 있다. 전세사기로 인해 빌라주인들은 역전세를 맞기도 했다. 전세금을 돌려주지 못한 집주인들로 인해 경매 또한 속출하고 있는데 현시점 서울시 내의 빌라를 (　　)로 저렴하게 구입할 수 있다면 하나의 방법이 될 수도 있다고 본다. 단, 서울시 내의 빌라로 한정하고 싶고, 주변이 재개발이나 재건축으로 인해 평당 아파트 시세가 높아질 지역이어야 하며, 개발호재가 있는 지역이라면 입주권이 나오는 구역의 빌라인지, 개발이 장기화되는 경우 본인이 실거주를 할 수 있는 상황이 되는지 등 꼼꼼한 분석이 필요하며 단지, 가격이 저렴하다는 이유만으로는 추천하고 싶지 않다.

105. 부모님이 돌아가시면 세무당국이 부모님 계좌를 들여다볼까? 上

　부모, 자식 간 현금거래 시 정당한 증여세를 내야 하지만, 이 정도는 괜찮겠지 하며, 수천만 원 정도를 몇 차례 부모, 자식 간에 이체했을 때 국세청에서 일일이 확인이 쉽지 않은 경우가 많으나, 어떤 경우에 부모, 자식 간 현금이체가 수면 위로 떠오르게 되는가?

(   )

106. 일반분양 아파트에 당첨되어 입주할 수 있는 권리를 사고파는 게 그렇게 쉽다고? 中

　(　　　)은 아파트가 준공되면 입주할 수 있는 권리로 사고파는 데 있어서는 주택처럼 취득세가 과세되지 않기에 사고파는 것이 자유롭다. 통상적으로 (　　　)은 '전매'한다고 하는데 전매 시 계약금 10%와 프리미엄을 지급하고 중도금대출은 승계하는 경우가 많다. 주택이 없는 상태에서 (　　　) 자체만을 거래하는 건 부린이들도 도전해 볼 만하다. 분양받은 후 입주까지의 기간이 보통 2년 6개월 전후이기에 그사이 (　　　) 가격이 오른다면 P(프리미엄)을 받고 파는 것은 유효한 방법이라 하겠다. 반대로 가치 있는 부동산인데 P(프리미엄)이 미비한 경우라면 매수하는 것도 방법이 될 수 있겠다.

107. 아파트값이 많이 떨어져 사고 싶은데 아, 꽁꽁 묶인 내 돈이여! 下

　불황기에 생활형숙박시설, 지식산업센터, 오피스텔, 지역조합주택, 전원주택 등은 상품 자체의 리스크로 인해 손해도 크지만, 떨어지는 아파트와 같은 우량 부동산을 살 수 있는 (　　) 비용을 날리는 것이기에 이러한 부동산 매입은 매우 신중하여야 한다.

108. (　)분양이 더 좋은 거야, 공공임대가 더 좋은 거야? 中

　LH(토지주택공사)아파트의 선택형 중 분양 전환되는 공공임대아파트는 6년짜리가 있다. 공공임대아파트에 6년간 거주 후 분양 전환되는 시점에 분양받는 경우 주변 시세의 70~80%선으로 분양되고 있는데 6년간 시세가 많이 오른 경우 시세의 70~80%라 하더라도 최초 분양가보다 많이 올라 있기에 처음부터 분양하는 (　　)분양이 더 좋은 것이다.

109. 서울시 25개구에서 (　)는 면적이 제일 크다는데 (　)는 인구가 제일 어떻다고? 中

서울 25개구에서 면적이 가장 큰 구와 인구가 가장 많은 구는 어느 구인가?
(　　　　　　　　　　　　　　　　　　　　　　　　　　　　　)

110. 주말농장 하면서 양도세도 절세한다고? 上

　　A 씨는 주말농장으로 경작하여 토지의 양도세를 절세하고자 한다. 그래서 (　)㎡ 미만의 땅을 사서 사업용 토지로 인정받아 양도세를 절세했다. 그러나 B 씨는 2022년 매도분부터 개정되는 세법에 따라 (　　)㎡ 미만의 땅을 주말농장 용도로 사용하더라도 사업용 토지로 인정받기 위해서는 추가 요건이 강화되어 땅 매입을 포기했다.

111. 막걸리 사 들고 이장님 만나러 가야지. 근데 요즘도 만나 주시려나? 下

땅을 경매 받는 것에 있어 신중해야 하는 이유는 주변에 거래시세가 많지 않기 때문이고, 땅마다 모양이나 위치가 다 다르기에 땅의 가치를 판단하는 것이 쉽지 않기 때문이다. 그렇다면 땅을 경매 받는 데 있어서 실거래가와 더불어 주변 시세를 알아볼 수 있는 가장 좋은 방법은 무엇인가?

(   )

112. (   ), 그것이 알고 싶다. 알려 줄래? 中

불황기에 가격이 떨어지는 아파트 시세가 더 떨어질지 하락이 멈출지 알 수 있는 지표는 복합적이기에 사실상 예측이 어렵다. 그래도 국내에서 예측해 볼 수 있는 지표로 하락기에 아파트의 시세를 예측할 수 있는 것 중에 분양 시장을 들 수 있는데 분양 시장에 무엇이 많다면 아파트값이 내려가는 지표로 활용할 수 있을까?

(   )

113. 중심선치수, 안목치수 이게 뭐냐고? 上

1998년 주택법 개정 이후의 주택법에선 중심선치수(거실이라면 거실벽체의 중간 부분을 포함해서 거실의 면적을 쟀는데 이는 눈에 보이지 않는 벽체 중간까지 포함되어 실제 거실 면적이 적음) 방식에서 눈에 보이는 공간만을 면적에 포함하는 안목치수로 개정(아파트는 1998년 이후)되었다. 1998년 이전의 주택은 같은 거실 면적이라도 안목치수를 적용하지 않았기에 안목치수를 적용한 아파트보다 공간이 작다고 할 것이다. 그렇다면 오피스텔은 안목치수 적용시기가 몇 년도 이후인가?

A. 2000년

B. 2005년

C. 2010년

D. 2015년

114. 부모님께 받은 상속재산 얼마가 넘어야 상속세를 내는 거야? 下

상속세는 배우자가 생존 시 상속재산이 (①)억 원이 넘을 때 매겨진다고 한다. ((①)억 원 이하 시 배우자 공제 최소 (②)억 원 + 일괄공제 (②)억 원으로 상속세가 과세되지 않는다) 그래서 요즘은 서울의 웬만한 아파트 한 채만 있어도 상속세가 나올 확률이 높다고 한다. 상속받은 주택은 본인의 의지에 의해 받은 것이 아니므로 상속 전에 보유하고 있던 1채의 일반주택이 있다면 상속주택과 합해져 2주택이 될 것이다. 이럴 경우에 상속받기 전에 갖고 있던 1채의 일반주택을 먼저 매도할 경우 상속받은 주택은 없는 것으로 여겨 1세대 1주택 비과세규정을 적용받는다. (시골이 고향인 분들은 농어촌주택을 상속받는 경우가 많을 텐데 농어촌주택의 경우 농어촌주택을 상속받은 이후에 일반주택을 매수했거나, 상속받기 이전에 일반주택을 매수했다 해도 일반주택 취득시기와 무관하게 일반주택을 먼저 파는 경우에 1세대 1주택 비과세 규정을 적용받는다) 그렇다면 상속받은 주택을 먼저 매도할 시에는 어떨까? 상속받은 일반주택과 주택 1채를 각각 보유하다가 상속받은 주택을 매도 시에는 다주택자로 취급하여 양도세를 과세하나, 5년 이내에 상속주택을 매도하는 경우에는 다주택자라 하더라도 양도소득세 중과가 되지는 않는다.

A. ① 10 ② 5
B. ① 15 ② 7.5
C. ① 20 ② 10
D. ① 2 ② 2.5

115. 요람에서 증여해서 30세까지 증여하라고? 上

자녀에게 증여세를 절감하는 방법으로 사용하는 것이 0세 때 2천만 원 증여, 이후 10년이 지난 시점인 10세 때 2천만 원을 증여(미성년은 2천만 원까지 증여세 없음)하고, 이후 다시 10년이 지난 20세 성년이 되면(성년은 5천만 원까지 증여세 없음) 5천만 원을 증여하고 이후 다시 10년(10년마다 증여세 없이 증여 가능하다)이 지난 30세에 5천만 원을 증여하면 30세까지 얼마의 돈을 증여세 없이 증여하는 것이 가능한가?(주식 등도 가치가 증여한도 금액과 같으면 증여세 없이 증여할 수 있다)

(   )

116. 중도금대출을 안 받으면 현찰이 많이 들어가서 사고팔기 쉽지 않다고? 下

분양권(아파트 준공 후 아파트에 입주할 수 있는 권리로 보통 일반분양에 당첨되면 분양권이라 부른다)을 사고파는 데 있어서는 주택처럼 취득세가 들지 않는다. 하지만 아파트 분양권은 시기에 따라 다르지만 계약 후 3개월 내에 중도금(보통 6차까지 있으며, 회차당 분양가의 10%) 1차를 납부해야 하기에 중도금이 없는 경우 대부분 대출로 중도금을 충당한다. 이때 분양권을 사고팔 때 중도금대출이 실행되어 있는 것이 좋은가? 아니면 중도금대출을 실행하지 않고 직접 소유자가 납부한 것이 좋을까?

(   )

117. 여보! 우리 부부 간 증여해서 세금 절세할래? 근데 이월 과세가 뭐야? 上

　J 씨는 분양권을 3억 원에 매입했다. 입주 때 이 분양권이 6억이 되었다. 이에 J 씨는 이 분양권을 아내에게 6억 원(부부 간 증여세는 10년간 6억 원까지 공제되는 것을 활용)에 증여하여 아내의 취득가를 6억 원으로 높여 분양권 취득 후 상승분 3억 원에 대한 양도소득세를 절세하고자 한다. 이에 과세당국의 세법은 분양권을(입주권도 마찬가지로) 배우자나 직계존속으로부터 증여받는 경우 5년 이내에 타인에게 양도할 경우 이월과세(배우자 또는 직계존비속으로부터 증여받은 분양권을 타인에게 양도하는 경우에 적용되는 과세방법으로 수증자(아내)가 증여받은 가액이 아닌 증여자(남편)가 당초에 취득한 가액으로 양도소득세를 계산하는 과세방법) 되던 것을 2023년 이후부터는 (　　)년 이내에 양도하는 경우 이월과세 하겠다고 한다.

118. FIU(Financial Intelligence Unit, 금융정보분석원) 여기가 FBI보다 더 무섭다며? 中

현금입출금을 많이 하면 국세청에서 알고 그에 따른 세무조사를 받을 확률이 높아진다는 얘기는 조금만 세금에 관심을 갖는 사람이라면 알 수 있는 내용이다. 금융위원회 금융정보분석원(FIU)에 은행은 현금출금을 하루(1개의 은행에서)에 얼마 이상 입출금한 사람을 통보하게 돼 있는가? 현금입출금이 아닌 계좌이체는 얼마를 이체해야 통보되는가?

(   )

119. 우리 아들·딸 알바해요. 독립세대 아닌가요? 中

독립세대 요건의 하나인 소득요건 증명에 있어 정부가 제시한 최소 소득금액은 2022년 기준 연간 약 877만 원이다. 이 금액은 반드시 매월 나눠서 받아야 하는 것은 아니고, 1달에 다 벌어도 상관없고, 4~5달에 벌어도 상관이 없다. 다만 과세당국이 판단할 수 있는 4대보험에 가입된 사업장 재직증명서나 소득증빙서류 등을 증빙하는 것이 가능하다면 독립세대 요건이 가능하다. 이처럼 정부에서 독립세대 요건을 까다롭게 보는 것은 국세인 부동산(   )소득세를 철저히 과세하기 위한 조치다.

120. 조합원 추가분담금이 무슨 고무줄이냐, 그것도 늘어나기만 하는? 中

현시점(2024년 1월) 재개발·재건축 프리미엄 역시 가라앉고 있다. 요즘 같은 때에 특히 주의해야 할 것은 조합원의 추가분담금이다. 경기불황으로 인해 부동산 경기가 나빠지면 분양은 계속 미뤄지게 되고, 공사비 상승을 가져오게 된다. 이에 관리처분계획에 따라 조합원들에게 제시한 조합원 추가분담금은 언제든지 추가로 발생될 수 있기 때문이다. 재개발 조합은 관리처분 변경총회를 통해 시공사의 공사비 인상을 의결하게 되고, 조합원들은 공사비 상승을 요구하는 시공사를 교체하는 강수를 둘 것인지, 아니면 공사비를 올려 주며 추가분담금에 더해 추가(   )금을 더 내서라도 사업을 빨리 진행할지 결정하게 된다. 따라서 관리처분계획이 끝났다고 하여 조합원의 추가분담금은 확정되는 것이 아닌 만큼 조합과 조합원의 노력으로 시장상황을 주시하며 사업성을 높이는 것이 중요하고, 관리처분은 재개발·재건축의 이주 전단계로 사업의 막바지임에도 조합원 분담금이 변경되는데 이전 단계인 사업승인단계의 추정 분담금 등은 얼마든지 변경될 수 있는 만큼, 불황기일수록 내 집을 내주고 얼마의 돈을 더 내야 아파트에 들어갈 수 있는지 지속적인 관심이 필요하다.

121. 법인은 생물학적 사람은 아니지만 법적으로 사람이라며. 근데 왜 증여세를 안 내냐고? 中

영리법인을 설립할 때 가족 구성원들을 주주로 등록하고 대표이사도 가족이 수행할 시 '가족법인'이라고 흔히들 부르는데 가족법인을 설립하고 아버지(특수관계자)가 가지고 있는 부동산을 가족법인에 저가로 넘길 시 가족법인은 저가로 샀기에 이익이 클 텐데 개인처럼 증여세를 내야 하나?

(   )

122. 광역시 아파트는 구매 시에 뭐가 중요할까? 中

광역시는 대표적인 행정구역이다. 수도권으로의 쏠림현상이 일자리와 연관되기에 수도권으로의 인구 이동은 막기 어려운 상황이지만, 광역시의 역할 또한 일정 부분 유지되리라 보는데 광주 남구, 대전 유성구, 대구 수성구, 부산 해운대구, 울산 남구, 인천시 연수구 등은 광역시의 중추적 역할을 맡고 있는 자치구이다. 이런 자치구들의 특징은 많겠으나 (   )이 잘 발달된 자치구라는 공통점이 있다.

123. 전세가는 떨어지기 힘드니까 전 재산 털어서 갭투자 고 고싱해도 된다며. 그런데 전제 조건은? 中

이론적으로 여러 채의 갭투자는 충분히 가능한 이론이다. 하지만 두 가지 전제가 충족되어야만이 여러 채의 갭투자가 성공할 수 있기에 두 가지 전제를 만족시키지 못하면 극단으로 몰릴 수도 있다. 하나는 전세가가 하락 시에도 전세금을 반환해 줄 수 있어야 하며, 둘은 전세가가 꾸준히 (   )할 수 있는 곳을 선택한다면 갭투자의 성공 가능성은 높아질 수 있다.

124. 전세금반환보증보험 가입 가능한 회사, 내가 알아야 하나? 몰라도 되지만 보증보험은 가입할 거지? 下

전월세 계약 시 주의사항은 많이들 알고 계시겠지만, 첫째로 전세금반환보증보험을 가입하는 것이다. 주인이 전세금을 돌려주지 않는다면 주인을 대신해서 전세금을 돌려줄 기관이 바로 반환보증보험 가입 가능한 회사이다. 반환보증보험을 가입할 수 있는 회사가 아닌 곳은?

A. 주택도시보증공사(HUG)
B. 주택금융공사(HF)
C. SGI서울보증
D. KDB산업은행

125. 단지 내 조망이 요즘 예술이라며? 下

대부분의 서울이나 도심에서는 대로변의 아파트가 상당히 많다. 대로변의 아파트는 소음에 노출이 되지만, 반면 조망권이 좋은 경우가 많다. 단지 안쪽의 단지들은 소음에 덜 노출되지만 조망권이 약한 경우가 많다. 두 마리 토끼를 다 쫓는다면 어떤 선택을 해야 하는가?

(   )

126. 국토교통부 장관님, 재건축만 챙기지 마시고 리모델링도 좀 챙겨 주실 거죠? 上

1기 신도시 중 소형 평형과 임대주택이 많은 평촌이나 산본의 경우 재건축보다는 리모델링을 원하는 경우도 많은데 전 국토교통부 장관은 2023년 5월 평촌 신도시를 찾아 주민간담회에서 리모델링으로 늘릴 수 있는 가구 수를 기존의 최대 15%에서 몇%로 늘려 주겠다고 하는 것인가?

(   )

127. 신도시 내의 핵심지역 아파트와 주변 아파트의 가격 차는 얼마가 적당할까? 中

수도권 2기 신도시(한강, 위례, 동탄, 광교, 판교, 고덕, 운정, 양주, 검단)가 있다. 신도시 내의 34평(전용면적 85㎡) 아파트는 입지에 따라 가격 차가 상당하다. 판교 신도시의 경우 핵심입지와 주변의 가격 차는 6억 원이 넘는다. 광교와 동탄도 3~4억 원으로 가격 차이가 상당하다. 다른 신도시 역시 가격 대비 상당한 차이를 볼 수 있다. 그렇다면 이러한 가격 차는 계속 유지가 될 것 같은가? 아니면 핵심입지는 더 올라서 주변과의 갭을 더 늘릴 것 같은가? 반대로 주변이 핵심지를 따라잡아 갭이 줄 것 같은가?

(   )

128. 민간임대주택은 10년 동안 임차인으로 거주하면 우선분양권을 주는 건가? 中

민간임대주택은 취득 유형에 따라 민간건설임대주택과 민간매입임대주택으로 나뉘고, 임대의무기간에 따라 장기일반민간임대주택(10년)과 공공지원민간임대주택(10년)으로 나뉜다. 민간임대주택을 10년간 임차인으로 계약 후 분양 전환 받으려는 사람이 분양받기까지 주의할 점들이다. 맞지 않는 것은?

A. 10년 후 분양가가 확정인지 확인해야 한다.

B. 10년간 임차인으로 거주 시 우선분양권을 주는지 확인해야 한다.

C. 민간임대주택사업자가 제3자에게 민간임대주택을 통매각할 수 있는지 확인해야 한다.

D. 공공지원민간임대주택은 무조건 우선분양권이 주어지므로 확인할 필요가 없다.

E. 민간매입임대주택이 임대보증금에 대한 임대보증보험에 가입이 되어 있는지 확인해야 한다.

129. 2022~2023년에 분양한 단지들(동탄, 용인, 광명, 서울 은평구·동대문구·동작구·마포구·광진구·송파구) 누가 많이 오를지 VS 놀이해 볼래? 上

2022년 12월~2023년 기간에 서울과 경기도에 분양한 34평(전용면적 85㎡) 아파트 분양가이다. (송파구 문정동은 30평(전용면적 74㎡))

동탄 5억 5천만 원(분양가 상한제 적용), 용인 11억 원, 광명 12억 7천만 원, 서울 은평구 신사동 9억 9천만 원, 동대문구 이문동 10억 5천만 원, 동작구 상도동 13억 9천만 원, 마포구 아현동 14억 원, 광진구 구의동 14억 9천만 원, 송파구 문정동 10억 7천만 원(분양가 상한제 적용)에 분양했다. 이 중에서 어느 아파트가 향후 투자금 대비 수익률이 가장 높다고 보는가?

(   )

130. 소액으로 재개발 지분을 사는 방법이 있다고? 上

자산이 소액인 사람이 재개발이 진행되고 있는 곳의 지분을 살 때 소액으로 살 수 있는 것이 아닌 것은?

A. 반지하 주택

B. 자투리 도로

C. 뚜껑(입주권이 보장되는 무허가 주택)

D. 단독주택

E. 나대지

131. 상가주택(점포 겸용 단독주택)은 주택 부분과 상가 부분을 따로 양도소득세를 내는 건가? 上

　A 씨는 경기 신도시 내 상가주택을 8억을 들여 3층으로 건축했다. 1층은 상업시설로 월세를 주고 2층은 전세를 주고, 본인은 3층에서 실거주를 하고 있다. 10년이 지나 A 씨는 실제 거래가액이 12억 초과되는 상가주택을 팔고자 한다. 2022년부터는 A 씨는 양도세를 어떻게 내는 것인가? 주택의 면적이 상가의 면적보다 크든 작든 간에 상가 양도소득세 따로 주택 양도소득세 따로 내는 것인가?

　(　　　　　　　　　　　　　　　　　　　　　　　　　　　　　　　)

132. (   )는 대통령령으로 못 바꾼다고? 中

　우리나라 최상위법은 헌법이고 다음으로 법률이 있고 그걸 제정하는 곳은 국회라는 사실은 모두 아는 사실이다. 그다음으로 대통령령(시행령)은 말 그대로 대통령이 국무회의를 주재하여 나온 내용을 인가하는 것이다. 그다음 하위법령으로 시행규칙이 있다. (총리, 법무부 등이 인가) 그렇다면 부동산으로 돌아가서 부동산의 법률을 바꾸는 것은 여소야대의 경우 법률 사안에 따라 다르지만 개정하기 쉽지 않은 경우가 많다. 국회의 동의를 얻어야 하는 것은 무엇인가?

　A. 실거주의무 기간 폐지
　B. 정밀 안전진단 면제
　C. 용적률 상향
　D. 재건축 안전진단 가중치 완화
　E. 지구단위계획

133. 강남(부촌)은 명품 에르메스(Hermès)처럼 가격의 한계가 없다고? 上

　강남 집값은 계속 상승할까? 부동산에 관심을 갖고 있다면 한 번쯤은 생각해 보았을 것이다. 강남구에 속해 있던 저층 주공아파트 재건축에 이어 중층아파트까지 속속 재건축이 완성되고 있다. KB시세분석에 따르면 2020년~2024년 5개년 강남구의 적정 공급물량은 13,326세대(연간 2,665세대)로 보고 있다. 강남구의 2020년~2024년 5개년 실제 공급물량은 19,648세대로 6,322세대가 초과공급이다. 하지만 2025년, 2026년, 2027년의 강남구의 물량은 급감하는 것으로 조사되고 있다. 현재의 분양원가의 상승과 금리를 봐서는 앞으로 당분간 강남의 물량은 쉽게 늘어나지 않을 것으로 예측된다. 하지만 재건축은 계속 진행될 것이기에 시기별 증감은 있겠지만, 새 아파트는 일정 기간 동안 계속 증가될 것이고, 결국 완전한 상향평준화가 되어 강남구란 단어만 들어가도 1%의 부의 상징이 될 수도 있을 것이다. 하지만 필자는 강남 아파트라고 해서 무조건 수익률이 좋다고 보진 않는다. 투자란 결국 투자금 대비 수익률이라고 본다면 강남이 투자금 대비 무조건 다른 지역에 비해 수익률이 좋다고 보긴 어렵기 때문이다. 오래 전부터 강남의 재건축에 실거주하며 재건축 지분을 통해 수익을 낸 경우나, 저점을 포착해 구매한 경우면 모를까 현재의 시세를 감안한다면 결코 만만한 투자는 아닐 것 같다. 하지만 필자는 강남 중에서도 강남(부의 상징이 되는 상징적인 곳: 한남·성북 등 전통 부촌, 강남·서초·용산·송파·성동구 랜드마크)이 되는 곳엔 주목하고 싶다. 아파트계의 에르메스(Hermès)가 될 지역은 가격의 한계치가 있다고 보는가? 아니면 한계치를 설정하는 것이 무의미하다고 보는가?

　　(　　　　　　　　　　　　　　　　　　　　　　　　　　　　　　)

134. 어부지리가 구형 아파트에도 적용될까? 下

내 아파트는 구형 아파트인데 주변이 전부 재개발·재건축된다고 한다. 나는 가만히 앉아서도 주변이 개발되니 '개꿀이다'라고 생각하는 A 씨가 있다. A 씨의 구형 아파트는 통상적으로 새 아파트의 오름폭을 뛰어넘을 수 있을까?

(   )

135. 재개발·재건축 조합원지분을 돈으로 받는 사람도 있나? 中

재개발 조합은 조합원 분양을 포기한 조합원에게 토지수용 절차를 통해서, 재건축 조합은 재건축을 반대하는 사람에게 매도청구 소송절차를 통해서 (   )청산 대상자로 보아 (   )으로 보상해 주는 제도가 있다. 괄호에 공통으로 들어갈 말은?

136. 신규아파트 임차인 보증금으로 잔금 치르면 상생임대인 조건이 안 된다고? 上

　상생임대인 제도에서 '직전계약'은 세입자를 승계하여 주택을 매수한 경우 갭투자로 보아 '직전계약'으로 인정해 주지 않는다고 한다. 이에 기존 집을 매수하는 경우는 그렇다 치더라도 보통 새 아파트를 분양받아 임대를 놓은 경우 같은 날 임대차보증금의 잔금을 받아 분양대금의 잔금을 치르는 경우가 대부분인데 이런 경우에도 '직전계약'으로 보지 않아 (　　　　) 임대차 계약으로 이어질 수 없어 임대인이 거주한 것으로 인정해 주지 않겠다는 것이다.

137. 법인은 주택 매도 후 손해가 나도 그게 끝이 아니라 구사일생하는 방법이 있다고? 中

　부동산 1인 법인이 1천만 원을 자본금으로 설립하고, 대표이사인 본인이 가수금을 출자하여 2억짜리 집을 샀다고 한다. 이후 1년간 가수금을 출자한 본인에게 이자를 줘야 하고, 본인의 월급도 줘야 하고, 사무실 임대료 등 기타 경비를 주고 나니 1인 법인은 손실이 3천만 원이 났다. 이후 1년간 3천만 원이 더 손실이 나서 2년간 6천만 원의 손실이 났다. 3년 차에 2억짜리 집을 3억 원에 팔아 1억 원의 이익이 났다. 2년간 손실을 이월결손금 공제를 신청하면 이 1인 법인이 내야 할 법인세(9%)는 얼마가 나오겠는가?

(　　　　　　　　　　　　　　　　　　　　　　　　　　　　　　)

138. 주택연금이 ( )로 이자를 걷어 간다고? 이게 말이 되냐고! 上

　주택연금은 55세 이상인 사람이 자신의 집을 담보로 일정 기간 대출을 받다가 남는 부분은 자녀에게 상속할 수도 있는 장점이 있는 제도이다. 단점으로는 주택 가격 상승 시와 이자율에 있다. 주택 가격이 가입 당시보다 더 상승한다고 해서 주택연금이 추가로 지급되진 않으며, 주택연금은 ( ) 이자 형태로 이자를 납입해야 하기에 부담이 만만치 않다.

139. 대규모 랜드마크 주변이라도 열심히 임장해야 되나? 下

　서울에서 랜드마크가 될 개발지들이 우후죽순 생겨나고 있다. 삼성역 복합개발, 잠실운동장 복합개발, 서초 정보사이전부지 복합개발, 여의도 복합개발, 용산 정비창부지 복합개발, 성수동 삼표래미콘부지 복합개발 등 한강변 주변의 복합개발만도 수없이 많이 진행되고 있다. 지금 이런 곳은 일반인들에겐 진입장벽이 너무 높아 접근이 쉽지 않아 보인다. 그렇다면 일반 투자자들은 어떤 투자를 해야 할까?
　(　　　　　　　　　　　　　　　　　　　　　　　　　　　　　　　　)

140. 리모델링아, 너는 왜 4베이로 재탄생하는 게 힘든 거니? 中

리모델링은 재건축초과이익환수제, 기부채납, 용적률 제한(재건축 시 적용되는 300% 이하 용적률)도 없어 장점이 많은 개발임에도 단점으로 꼽히는 것이 있다. 바로 34평(전용면적 85㎡) 평면을 4베이(Bay)의 신평면으로 짓기 힘들다는 것이다. 이유 2가지는 무엇인가?

A. 가구 간의 내력벽을 허무는 게 불법이라서
B. 세대 간의 내력벽을 허무는 게 합법이라서
C. 과거의 평면이 34평(전용면적 85㎡) 기준 4베이(Bay)가 많아서
D. 리모델링은 기본 골조를 유지하면서 공사 진행을 해야 해서

141. 몸 따로 마음 따로, 아빠는 일하고 주말에만 간다고? 下

대한민국 수도권을 제외한 대전광역시, 대구광역시, 광주광역시, 울산광역시, 부산광역시와 세종특별자치시, 제주특별자치도의 미래를 일자리의 관점에서 본다면 정부의 공기업과 산하기관의 이전에도 불구하고 공무원, 공기업, 산하기관의 직원들이 홀로 이주하고 가족은 여전히 수도권에 머무르는 현상은 수도권에 이들 가족의 일자리가 많고 자녀의 (   ) 인프라가 수도권에 집중되어 있기 때문으로 보인다.

142. 입주권 취득 후 종전주택 비과세 받는 것도 모르면서 무슨 돈을 벌어? 上

    1주택자가 입주권(관리처분계획이 인가된 준공 아파트에 입주할 수 있는 권리)을 산 경우 기존 주택을 취득한 날로부터 1년이 지난 후 입주권을 취득한 경우에 한해 입주권을 취득한 날로부터 기존 주택을 3년 안에 팔거나 3년 안에 팔지 못한 경우에는 입주권이 아파트가 되서 준공하기 전 또는 준공하고 이후 전 세대가 이사해서 완공된 아파트에 1년 이상은 거주하고 (　　)년 내에 팔면 기존주택의 양도세를 면제해 준다는 것이다.

143. 대규모 군락 재개발은 무조건 빨리 분양받아야 한다고? 분양가 차이가 어마어마하다고? 그럼 신도시는 어떤 거야? 下

재개발이 군집한 지역에서(길음, 장위, 신길, 가재울, 옥수, 미아, 금호, 인천 일대, 안양시 일대, 수원시 일대, 의정부 일대 등) 재개발이 시작되는 첫 단지와 재개발이 완성되는 단계에서 분양하는 단지의 분양가 차이는 분양 시장상황에 따라 다르고 텀에 따라 다르지만 34평(전용면적 85㎡) 기준으로 3~5년 사이라고 가정 시 대략 2억~3억 차이가 난다. 그렇다면 이러한 상황이 신도시에서 최초 분양하는 단지와 나중에 분양하는 단지에서도 발생한다고 보는가?

(   )

144. 오피스텔 부가세 환급받기 왜 이리 힘들어? 上

　흔히들 오피스텔을 분양받으면 부가세를 환급받게 해 준다는 분양대행사의 말을 들어 보셨을 것이다. 그럼 오피스텔은 그냥 부가가치세 10%(건물분과 토지분으로 나누는데 건물분에 한해서만 10%를 환급받기에 건물과 토지분이 7:3이라면 7%만 환급받을 수 있다)를 면제해 주는 것일까? 당연히 아닐 것이다. 국가에서 세금 감면을 해 주는 이유는 분명 다른 계산이 있어서다. 그 이유는 상업용 부동산의 안정을 위한 것이다. 환급을 받기 위해서는 네 가지를 충족해야 한다. 괄호는 무엇인가?

　첫째, 일반사업자(간이과세자 아님)로 오피스텔을 분양받은 후 (　　　)용으로 사용해야 하고,

　둘째, 계약금과 중도금을 납부한 전자 세금계산 영수증이 필요하고,

　셋째, 일반임대사업자등록 후 오피스텔을 (　　　)용으로 10년간 임대해야 하고,

　넷째, 오피스텔을 본인 명의의 사업 용도로는 사용이 불가하다.

145. 공공분양에서 세대구성원의 당첨 사실이 중요한 이유는? 下

공공분양주택의 경우 1순위를 엄격히 제한하고 있는데 무주택 세대주가 아닌 경우 1순위 청약을 할 수 없으며, 과거 5년 내에 세대구성원 중에 어떤 사실이 있는 경우 1순위가 제한되나?

(   )

146. 내가 그때 그 가격에 분양만 받았어도! 中

50세 J 씨는 가점도 높고, 얼마의 자산도 있어 과천과, 성남의 사전청약을 노리고 있었다. 하지만 당첨이 되지 않았고, 다른 곳은 시세차익이 적다고 판단하여 사전청약을 하지 않았다. 이후 J 씨는 다시 기회가 오겠지 하며 몇 년을 흘려보냈다. 그사이 정권도 바뀌고 물가도 올라 5년 전 가격에 비해 터무니없는 분양가를 받아들였다. J 씨는 청약을 해야 할까? 아니면 더 청약을 기다려야 할까?

(   )

147. 법인은 양도차익이 크면 개인보다 세금을 덜 낼까? 上

　　법인과 개인으로 각각 부동산을 취득하고, 양도하는 데 있어서 어떤 게 더 유리하냐는 보유현황 수, 보유기간, 규제지역 여부, 법인의 사업실적 등 많은 요소가 좌우되기에 단순히 어떤 게 좋으냐는 논하기 쉽지 않다. 그럼에도 양도차익(개인은 양도소득세를 내지만, 법인은 양도소득세가 아닌 법인세를 낸다)이 어떨수록 법인이 더 유리해지는 것인가?
　　(　　　　　　　　　　　　　　　　　　　　　　　　　　　　　　　)

148. 부적격 당첨이 (　　　) 공급에서 더 많다고? 下

　　청약 부적격 유형은 일반 공급보다 (　　　) 공급에서 더 높은 것으로 집계됐다. (　　　) 공급 유형별 부적격 비율은 다자녀 65%, 노부모 부양 51.7%, 신혼부부 29.9% 등의 순으로 나타났다. 일반 공급 부적격 비율은 22.2%였다. 이러한 통계를 보듯이 (　　　) 공급으로 청약하는 세대는 반드시 자신의 자격이 적격인지를 꼼꼼히 확인해야 한다. 부적격자로 판명되면 지역이나 분양 종류에 따라 일정 기간 동안 청약이 불가하다.

149. 판상형이 인기가 더 많다고? 中

    청약 시 당첨확률을 높이려면 당연히 인기평형을 피하는 것이 좋다. 하지만 향후 오를 폭을 생각한다면 선호도 높은 평형을 선택해야 할 것이다. 그러나 여기서 중요한 것은 자신이 취할 수 있는 마진을 낮추더라도 당첨이 돼야 하는 단지들이 많이 있다는 것이다. 청약은 '날이면 날마다 오는 엿장수'가 아니기에 자신의 상황에 맞는 청약이 무엇보다 중요한데 통상적으로 판상형 평면과 타워형 평면 중 어떤 평형이 더 청약경쟁률이 높은가?

(   )

150. 상생임대주택, 신경 써야 될 게 왜 이리 많아? 上

    상생임대주택 비과세 요건 중에 2023년 2월 기재부령으로 공표한 내용 중에 상생임대차 계약 후에 임차인이 2년을 채우지 않고 스스로 나가 버리면 상생임대인이 양도세 비과세 혜택을 못 받던 것을 가능하게 해 주는 대신 나간 임차인과의 계약금액과 같거나 어떻게 하면 된다는 것인가?

(   )

151. 세무당국은 내가 사용한 (   )카드에 관심이 무지 많다? 中

　부모와 자식이 각각 아파트가 있는데 세대를 합가해서 살다가 자녀가 독립하여 독립세대가 됐을 때 자녀가 독립세대로 거주했다는 것이 인정되는 경우는 4가지 중 적어도 하나는 충족해야 한다. (결혼한 경우, 만 30세 이상, 1년간 번 소득이 중위소득 40% 이상의 19세 이상, 가족 등의 사망으로 필연적으로 세대주가 되는 미성년) 세무서에서 독립세대로 거주했다는 것을 소명하라는 항목 중 독립해서 거주했다는 사실을 증명하기에 가장 좋은 카드는 무슨 카드 사용내역인가?

(   )

152. 25평 팔고 34평 사는 게 소원인데? 中

　J 씨는 신도시 핵심지의 25평을 갖고 있다. 2023년 11월 34평의 가격은 2억 원이 하락하였는데, 25평(전용면적 60㎡)은 5천만 원밖에는 하락하지 않았다. 5천만 원이 하락하였지만, 팔리지 않고 있어서 5천을 더 낮춰 1억 원의 하락을 감수하고 2억 원이 하락한 핵심지 34평을 구매하는 것이 다시 상승기가 도래한다면 수익률을 높일 수 있는 방법이라고 생각하는가?

(   )

153. 상가보증금 (   )만 원을 포기하고 나갈 줄이야! 上

　A 씨는 신도시 상가에 분양을 받아 노후에 조그만 카페를 열고자 한다. 상가분양 소장은 마지막 한 개가 남아 있는데 임대가 벌써 맞춰져 있으니 미리 사서 몇 년 후에 본인이 들어와 카페를 운영하라고 한다. A 씨는 공실의 위험성이 상가의 가장 큰 리스크 중의 하나인데 그것이 없으니 해 볼 만하다고 생각하여 상가를 계약하고 만다. 하지만 곧 청천벽력 같은 소식이 날아든다. (임대는 보증금 8천만 원에 월세 2백만 원에 맞춰져 있었고, A 씨는 8억 원에 상가 11평을 구매했다) 임차인이 보증금 (   )만 원을 포기하고 나가 버렸다. A 씨는 다시 임대를 맞추려고 보니 보증금 3천만 원에 100만 원이 실제 시세였다. 그때서야 A 씨는 분양사가 허위임차인을 내세워 시세보다 훨씬 비싸게 분양한 걸 알게 되었다.

154. 강남 아파트를 오피스텔 때문에 비과세 못 받는다고? 中

주거용으로 오피스텔을 등록할 시 가장 문제가 되는 것은 주거용 오피스텔은 (   ) 수에 포함된다는 것이다. 종부세(종합부동산세)는 인별 과세로 주택 1채 가진 사람이 오피스텔을 주거용으로 사용 시 (   )수에 포함된다. 강남의 30억 원짜리 아파트를 가진 사람이 모르고 주거용 오피스텔을 비독립세대 자녀 이름으로 구매한 후 강남 아파트를 매도했다면 이 사람은 1가구 2주택으로 적용받게 되어 양도소득세 비과세 요건을 못 갖추는 경우가 생길 수 있다.

155. 모델하우스에 분양설명 도우미만 보고 온다고? 下

미분양의 경우 마지막 남은 물량이라는 시행사의 말만 듣고, 모델하우스나 현장을 방문하지 않고 계약하는 경우도 많은데 모델하우스와 주변 현장은 반드시 가 봐야 한다. 모델하우스는 주변의 건물은 배제한 채 모형을 만들기에 실제 상황과 많이 다를 수 있으니 꼼꼼히 확인해야 함은 물론이다. 모델하우스에서 반드시 확인해야 하는 사항이 아닌 것은?

A. 아파트 동 간 단차
B. 미관을 해치는 시설물
C. 아파트 동 간 거리
D. 평형별 평면
E. 시행사에서 진열해 놓은 가구 브랜드

156. 지식산업센터, 아무 업종이나 임대 안 된다고? 中

지식산업센터는 2010년 이전에는 아파트형 공장으로 불리던 공장 이미지에서 IT 업종의 호황과 더불어 이미지의 개선과 함께 지식산업센터로 명명되고 있다. 산업단지 내의 지식산업센터는 산업통상자원부 장관이 관할하는 국가산업단지와 시장이나 도지사 등의 지자체가 관리하는 일반산업단지, 도시첨단산업단지, 농공단지가 있는데 원칙적으로 산업단지는 각종 사업을 위한 공장 설립을 해야만 임대할 수 있다. 그렇다면 지식산업센터의 일부 분양대행사들이 말하는 아무나 임대를 놓을 수도 없을뿐더러 아무나 임대인으로 들일 수도 없다. 보기에서 어떤 업종이 지식산업센터 임대가 가능한가?

A. 무역업

B. 도소매업

C. 유통

D. 의료기기

E. 제조업

157. 입주권·분양권은 감정평가로 증여한다고? 上

최근 평균 수명의 증가로 조부모로부터 입주권·분양권을 증여받는 손자·손녀가 증가하고 있다고 한다. 손자·손녀에게 증여 시 상속·증여세는 일반적인 상속·증여세 산출세액에 30%가 할증 과세되지만 자식에서 다시 손자로 상속·증여하는 경우 발생되는 비용이 들지 않는다는 장점이 있다. 입주권·분양권은 완성된 실물이 아니다 보니 시가를 확인하는 것이 어려워 감정평가를 받아 상속·증여하는 경우가 많은데 감정평가 시 평가요소가 되는 않는 것은?

 A. 권리가액
 B. P(프리미엄)
 C. 추가분담금
 D. 주변지역 시세
 E. 20년 전 사업지의 공시지가

158. 임대사업자가 10년 임대 안 해도 한 걸로 봐 준다니? 上

임대사업자가 모아타운 단지 내 빌라를 매입 후 10년간 의무임대등록을 했다. (현재 아파트는 임대등록이 불가하고, 빌라나 다세대 등은 임대등록이 가능하다) 임대사업자가 의무임대기간 10년을 채우지 못했음에도 빌라가 재개발로 5년 만에 멸실 됐다면 10년 임대등록을 한 임대사업자는 의무임대기간 10년을 채운 것인가?

 ( )

159. 신의 영역인 금리변동 시기를 나보고 맞춰 보라고? 上

미국이 코로나로 인해 금리를 2022년 한 해만 자그마치 0.75%를 올리면서 전 세계의 유가가 치솟고, 달러는 1,400원을 찍으며 고점을 향하다가 내려오고 있다. 다시 금리를 낮춘다 하더라도 적어도 바로 낮추지는 못할 것인데 그렇다면 어느 정도의 기간 동안 현재의 금리 언저리에서 머물다가 낮출 것인지 예측해 보아라.

(   )

160. LTV(Loan To Value ratio, 담보인정비율) (   )%까지 담보대출을 해 준 이웃 나라가 있다고? 이게 가능했다고? 下

일본 하면 잃어버린 30년이란 말이 떠오를 정도의 경기불황과 부동산 침체의 상징이 된 상황이다. 그렇다면 일본은 당시 LTV(Loan To Value ratio, 담보인정비율)를 집값의 (   )%까지 해 줬기에 버블이라는 오명을 뒤집어쓴 것인가?(당시 일본 일부 금융기관은 상품에 따라 200%까지도 해 줬다고 한다. 참고로 우리나라는 2023년 기준 무주택자, 1주택자(기존주택 처분 조건) 규제지역은 50%, 비규제지역은 70%를 적용하고 있고, 다주택자의 경우 규제지역은 30%, 비규제지역은 60%를 적용하고 있다)

161. 1기 신도시 재건축은 노후계획도시 정비 및 지원에 관한 특별법 제정에 달렸다고? 上

부동산 전문가들의 예상으로 기존 용적률이 180%보다 높으면 재건축 사업성이 떨어진다고 평가된다. 1기 신도시의 경우 기존 평균 용적률이 198%로 높기에 사업성이 좋지 않다. 작년에 국회통과 된 '노후계획도시 정비 및 지원에 관한 특별법'에선 2종 일반주거지 법적 상한용적률이 250%라면 용적률을 최대 375%까지 높일 수 있고 3종 일반주거지의 경우 300%에서 450%로 높아진다. 또한 특별법은 용도지역을 지역 여건에 따라 변경할 수도 있도록 했기에 2종 일반주거지역이 3종을 넘어 준주거지역으로 종상향되는 경우 용적률이 최대 (   )%까지 높아질 수 있다고 한다.

A. 200%

B. 300%

C. 400%

D. 500%

162. 너도 나도 독립, 혼자 사는 게 편해? 下

최근 서울은 경기도로 넘어가는 인구가 많아 인구가 줄고 있으나, 오히려 집값은 다른 도시에 비해 약보합을 유지하고 있다. 그렇다면 서울의 집값이 약보합을 유지하는 요인은 단순히 인구수로만 봐서는 안 될 것 같은데 인구수는 줄고 있으나 오히려 (   ) 가구 수의 증가가 서울 주택 가격의 상승 요인이 될 수 있다.

163. 자녀법인에 부모 집을 넘기고 돈은 죽을 때 받는다고?
上

    자녀가 단독주주로 1인 법인(주식회사) 대표이사가 되었다. 부모는 집을 소유하고 있다. 부모의 집을 자녀 1인 법인으로 매도하면 양도세가 발생하는데 이때 양도세는 부모가 내고(비과세 요건이 되는 부모라면 양도세는 발생되지 않음) 이후 자녀법인은 주택을 구입한(법인 취득세율은 정책에 따라 변경된다) 매매금액은 부모에게 줘야 한다. 그런데 부모가 자녀법인에게 주택구입 자금을 자신들이 죽은 이후에 내라고 이자만 지급받고 미루어 줄 수 있다면 자녀는 부모가 30년 후에 사망했을 때 부동산의 가치는 올라가도 부모에게 산 시점의 매매금액만 지급하는 것이 가능할까?

(   )

164. 9급도, 7급도 싫다. 월급 많이 받는 게 최고라고? 中

9·7급 공무원을 준비하던 머리 좋은 청년들의 경쟁률은 날로 하락하고 있으나 전문자격증 취득을 위한 경쟁률은 계속 증가하고 있다고 한다. 이런 현상은 9·7급으로 입사한 흙수저나 동수저 청년들이 내 집 마련을 해서 살 수 있는 상황이 안 된다는 것을 의미할 수도 있을 것이다. 청년세대(상대적으로 청약 가점이 낮아 당첨 확률이 낮으므로)가 할 수 있는 내 집 마련은 미리 선점해서 시간을 끄는 것도 좋은 방법으로 보이는데, 이런 점에서 종잣돈 3천~5천(증여를 받거나)을 투자해서 서울 변두리 지역에 재개발 얘기가 나오지 않는 곳에 20대 초반에 빌라를 구매하는 것을 어떻다고 보는가?

( )

165. 1순위보다 먼저 분양하는 (　) 공급 경쟁률을 예의주시 해야 한다고? 下

　아파트 (　) 공급의 대상자로는 미혼 청년, 기관 추천, 다자녀 가구, 신혼부부, 생애 최초 주택 구입자, 노부모 부양자 등이 있는데 이들이 1순위보다 빠른 날짜에 먼저 청약을 하기에 이들의 경쟁률은 1순위 경쟁률의 잣대가 된다. 이 (　) 공급 경쟁률을 1순위자는 반드시 알고 가야 한다. 3기 신도시의 경우도 마찬가지로 어느 지역이 인기가 있는지는 (　) 공급의 순위를 보면 인기를 가늠할 수 있게 되고, 그에 따른 평형이나 평면 타입을 선택하는 전략이 당첨 확률을 높일 수 있게 된다.

166. 단독·다가구 주택을 상업시설인 근린생활시설로 바꾼다고? 中

　단독주택을 매도하려는 A 씨는 매수자가 다주택자라 A 씨의 단독주택을 잔금 전까지 상가(근린생활시설)로 용도변경해 줄 것을 요구하자, 흔쾌히 수락을 했다. 그런데 세무사와 상담을 해 보니 1세대 1주택 양도세 비과세를 적용받으려면 (　)일 현재 주택이어야 하므로 (　)일 전에 용도변경을 하면 주택이 아닌 상가(근린생활시설)로 보아 비과세가 적용되지 않는다는 것을 알고, 계약을 파기하였다. 괄호에 들어가는 공통된 단어는?

167. 주택법 개정령을 소급해 줘야 나도 혜택을 받는 거라고?
中

　정부의 부동산 정책에서 대통령령(시행령)은 시행일이 중요하다. 예를 들어 화성시가 조정대상지역에서 해제됐다고 해서 시행령 개정일 전에 적용되던 1가구 1주택 양도세 비과세 요건 중(2년 거주요건) 거주요건이 사라지지는 않는다. 다만 정부가 예외적으로 어떤 적용을 해 주는 경우에만 거주요건이 사라지는 것인가?

　(　　　　　　　　　　　　　　　　　　　　　　　　　　　)

168. 재개발은 임대주택 건설 의무가 있는데 재건축은 임대주택 건설 의무가 없다고? 上

도시 및 주거환경정비법(도정법)에 의하면 재건축은 임대주택 건립 의무가 없으나 재개발의 경우 임대주택 의무비율이 있다. 서울시는 재개발 사업을 할 때 임대주택 의무건설비율을 30% 이하(시는 20%, 자치구는 10%)로 확대할 수 있었으나, 서울시의 경우 시 의무비율은 (   )%로 하고 자치구의 10%를 더해 25%를 시행하고 있다. 그런데 (   )%의 비율이 '주택 수'로만 되어 있다 보니 작은 임대주택(전용면적 29~49㎡) 평수만 공급되어 소셜믹스(아파트 단지 내에 분양, 임대를 함께 짓는 것)의 개념이 무색해지자 현재 서울시는 '주택 수'와 더불어 '연면적'으로도 비율을 정해 의무비율을 지키도록 하였다. 연면적 비율을 적용 시에는 주택지에서의 재개발인 경우 연면적의 10%를, 상업지역에서 재개발을 할 경우 5%의 임대주택 비율을 확보하도록 했다. 연면적으로의 임대주택 의무비율을 적용 시 재개발 단지 내에 25평(전용면적 60㎡), 34평(전용면적 85㎡) 등의 다양한 평형이 임대주택으로 건립될 것으로 보인다. 재개발조합 입장에서는 소형 평형의 임대주택이 많은 것보다는 중대형 평형의 임대주택을 적은 가구 수로 짓는 것을 선호할 것으로 보이는데, 반면에 소형 평형의 임대주택은 점점 더 희소해질 것 같아 서울의 새 아파트에 거주하고자 하는 소형 임대주택 임차인들의 선택권은 줄어들 것으로 보인다. 정부나 시에서는 어떤 것이 더 바람직한지 충분한 논의를 거쳐 수정, 보완되어야 할 것이다.

169. 모아타운은 각각 조합장이 다른데 의견 일치가 가능해? 上

모아주택에서 조합원의 동의율은 얼마나 되어야 조합 설립이 가능한가? 모아타운이 몇 개의 모아주택을 모아 놓은 타운이라면 각각의 모아주택은 각각 조합장이 다른 것인가?

(   )

170. 올해 총선을 앞두고 여당에서 통과시키고 싶어 하는 부동산 안건은? 下

정부는 올해 총선을 앞두고 부동산 활성화를 위해 부동산법안을 국회에서 통과시키고 싶어 한다. 국회를 통과해야 하는 법안이 아닌 것은?

A. 재건축초과이익환수제 개정

B. 분양가상한제 적용 단지 실거주 의무 폐지

C. 취득세 중과 완화

D. 안전진단 규제 완화

171. 성남~강남(9.5㎞)고속도로야, (   )에서 평택까지 한 번에 밟아 볼 수 있겠니? 中

국토교통부는 2023년 7월 성남~강남(9.5㎢)고속도로 민간투자사업에 대한 전략환경영향평가(환경부 및 관련 지자체 등이 이 고속도로가 건설되면서 발생되는 환경문제 등에 관해 각종 전문가들의 의견을 수렴하는 단계)항목 등의 결정내용을 공개하고 올해 상반기 중에 전략환경영향평가를 완료할 예정이라고 한다. 이 고속도로 건설 사업의 경제성 분석(B/C)은 1.0 이상으로 기준치

를 통과한 것으로 나왔으며, 종합평가(AHP)도 0.5를 넘어 KDI(한국개발연구원)의 예비타당성조사 통과, VFM(민자적격성) 판단도 0 이상으로 무사히 통과했다는 진단이다. 이 고속도로를 건설하기 위해선 안타깝게도 대모산에 터널을 뚫어야 하는 필연적인 환경파괴가 뒤따를 것으로 보이는데 전략환경영향평가의 결과를 지켜보아야겠다.

결과도 지켜봐야 하고 갈 길이 멀겠으나 이 고속도로가 개통되면 경기 평택에서 경기 (   )까지 한 번에 갈 수 있는 획기적인 도로가 생긴다고 한다.

172. 딸·아들아, 내 보험금은 너희들이 타라. 근데 보험금은 누가 내야 되니? 下

고액 자산가들이 자녀 명의로 사망보험금을 받도록 보험을 가입하는 경우가 많다. 그 이유는 갑자기 자신이 사망했을 때 (　　)들이 상속을 받게 되고 상속을 받게 되면 상속세를 내야 하는데 수익이 없는 (　　)인 경우나, 여윳돈을 갖지 못한 (　　)는 당장 상속세를 낼 수 없게 되고, 급하게 자산을 처분하거나 빚을 내야 하는 경우가 생긴다. 그래서 보험의 수익자(보험금 수령자)를 (　　)에게 하면 (　　)는 수령한 보험금 자체를 상속세 없이 수령하게 되고 그것으로 부동산이나 현금의 상속세를 낼 수 있다. 그런데 주의할 점은 보험의 계약자(보험금을 납입하고 계약한 사람)는 누가 되어야 하느냐는 것이다. 바로 (　　)가 되어야 한다는 것이다. 실제 계약하고 보험료를 계속 납부한 사람이라야 수령한 보험금에 대해 상속세를 내지 않는다. 괄호에 공통으로 들어갈 단어는?

173. 고속도로야, 지하로 달려서 숨통 좀 틔우자! 中

　제2차 고속도로 건설계획(2021~2025)에서 지하로 연결되는 고속도로 구간이다. 지상구간은 공원화되기에 고속도로가 포함된 지역은 큰 수혜가 예상되는데 서울시 서초구의 경우 경부고속도로 강남구간을 차지하고 있어 주목할 만하다. 지하도로 3곳 가운데 완공되면 파급력이 가장 큰 도로는 어떤 도로일 것 같은가?

　(　　　　　　　　　　　　　　　　　　　　　　　　　　　　)

174. 4베이가 대세라며. 근데 왜 서울은 잘 안 되는 거야? 下

4베이 평면이 대세인 신도시와 달리 서울 재개발(강남 재건축의 경우 4베이 평면이 많다)은 3베이가 대부분이다. 3베이가 나올 수밖에 없는 이유는?

(   )

175. 매달 이자가 얼마나 나가야 집 사서 이익인 거야? 中

10억짜리 아파트가 10년 후에 아파트 값이 5억이 올랐다고 가정하자. 1년에 이자로 대략 얼마까지 지출해도 이익이 나는 것인가?(계산 편의상 취득세는 4천만 원, 재산세로 10년간 2천만 원을 냈고, 양도세는 비과세라는 전제이다)

(   )

176. 수요와 공급법칙, 이걸 초등학교 때 배웠나? 언제 배웠나? 下

분양가가 계속 상승하는 이유를 표현해 본 것이다.(분양가를 낮춰서 분양하는 경우는 별로 없어 분양가가 하락하는 과정은 생략했음) 괄호에 들어갈 말은 무엇인가?

분양 원가 상승(물가상승률에 따른) → 높은 분양가로 분양 → (　)분양 발생 → 분양사 (　)분양 난 공급분량을 할인 등으로 소진 후 몇 년간 분양 안(못) 함 → 분양물량 감소로 아파트 부족 발생 → 분양사 미분양 났던 분양가보다 훨씬 더 높게 분양 → 매수자들 울며 겨자 먹기로 분양받음

177. 1기 신도시야, 너희가 먼저 빨리 재건축해라. 우리한테도 콩고물 좀 떨어지게! 下

　노후 계획도시 정비 및 지원에 관한 특별법이 작년 말에 통과되었다. 안전진단 완화 명문화, 용적률 상향등으로 재건축의 시기를 앞당긴다고 한다. 택지 조성이 완료된 20년이 넘은 100만㎡ 이상의 택지를 대상으로 한 특별법의 통과로 시행 예정 시기는 올 4월경이므로 기존의 재건축이 상당히 진행된 단지는 혜택을 보는 것이 어려울 것으로 보이긴 하지만, 신도시 및 전국(서울 상계·목동, 경기 영통·화정, 인천 연수, 대전 둔산, 대구 성서, 부산 해운대 등) 51개 지역이 포함되어 상당한 파급력이 예상된다. 그렇다면 재건축되는 1기 신도시의 집값은 새 아파트가 되기에 지금의 집값보다 훨씬 비싸져 있을 것이다. 주변 지역의 주택 가격은 그대로 유지되고 있겠는가?

(　　　　　　　　　　　　　　　　　　　　　　　　　　　　　　　)

178. 분당, 일산, 평촌, 중동, 산본 1기 신도시야, 네가 서울인 나를 재낀다고? 上

1기 신도시(분당, 일산, 평촌, 중동, 산본)는 서울은 아니다. 그렇기에 1기 신도시가 재건축된다고 해도 서울의 입지를 뛰어넘지는 못할 것 같다. 물론 서울도 구마다 레벨이 다르고, 1기 신도시도 신도시마다 레벨이 다르겠지만 1기 신도시 분당이 재건축된다면 서울 신축 기준 25구 중 어느 정도 레벨이 될 것 같은가?

A. 10위 내

B. 15위 내

C. 20위 내

D. 25위 내

179. 서울이 만만해 보이니? 세계 경쟁력 순위 한번 볼래? 下

최근 글로벌 연구기관에서 발표한 내용을 보면 서울은 런던, 뉴욕, 도쿄, 파리, 싱가포르, 암스테르담 다음으로 경쟁력이 높은 도시 7위에 랭킹됐다. 대한민국 서울의 위상이 높아질수록 서울의 부동산 가격은 더 경쟁력이 있어지는 건가?

(   )

180. 군대에서 몇만 원까지 모아서 보탠 내 피 같은 보증금, 최우선변제금 이하면 안심이라고? 下

2024년 서울 소재 A아파트에 월세로 계약하려는 B 씨가 있다. A아파트 가격이 5억인데 A아파트 주인이 B 씨가 월세계약을 체결하고 전입하는 날보다 먼저 4억 1천 5백만 원을 대출 받고 있다고 한다. 채권최고액(120%) 기준 약 5억 원이 은행에서 선순위 근저당으로 설정한 금액이다. B 씨는 여기서 5천5백만 원에 월 100만 원짜리 월세를 살고자 한다. B 씨는 이 집의 주인이 대출이자를 못 갚아 경매에 넘어가면 5천5백만 원을 돌려받을 수 있을까?

( )

181. 마포구 대흥역 주변이 뭘로 변모되고 있다고? 上

　서울 대치동 학원가, 목동 학원가, 중계동 학원가, 명일동 학원가, 분당 및 평촌 학원가에 이어 최근 학원이 많아지고 학원가 형성이 활발히 이루어지고 있는 곳들이 있다고 한다. 서울 강서구 마곡역 근처와 마포구의 무슨 역 근처인가?
　(　　　　　　　　　　　　　　　　　　　　　　　　　　　　　)

182. 서울 경전철 우습게 보다가 큰코다친다고? 下

　서울의 도시철도망 1차 구축계획에 경전철이 포함되어 있다. 개통된 신림선을 포함한 동북선, 면목선, 서부선, 위례~신사선, 목동선 등과 도시철도망 2차 구축계획에 포함된 강북횡단선 중에서 개통 후 가장 파급력이 클 노선 2곳은 어느 노선으로 보는가?
　(　　　　　　　　　　　　　　　　　　　　　　　　　　　　　)

183. 나의 구세주 GTX야, 근데 얼마면 태워 주겠니? 下

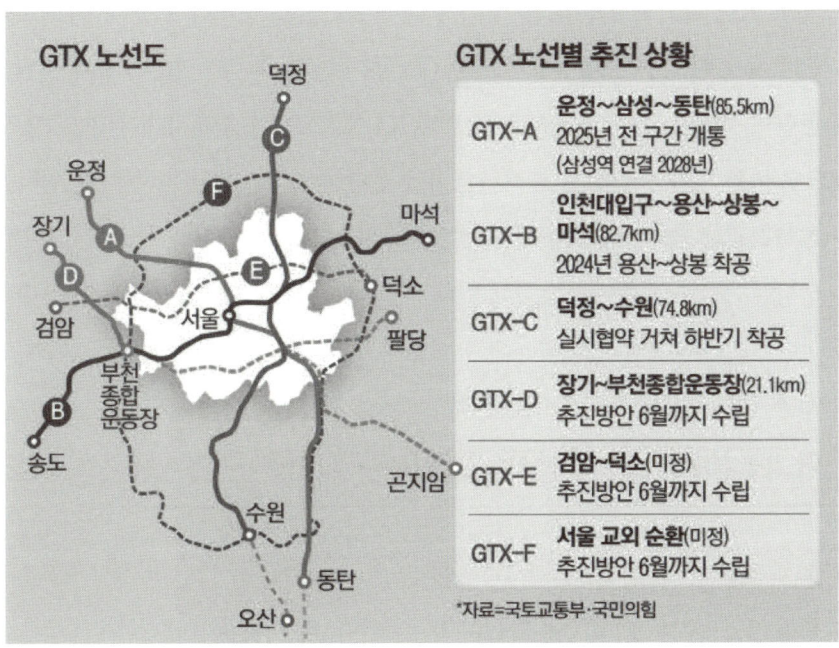

GTX의 노선별 추진 상황은 그림과 같다. GTX-A노선은 올해 드디어 개통된다. 동탄~수서까지는 3월에, 파주~서울역까지는 하반기에 각각 부분 개통을 의미하고, 2025년에는 삼성역을 무정차 통과하여 전 구간 이 개통되고, 실제 삼성역 정차는 2028년에 가능하다고 한다. GTX(Great Train Express, 수도권광역급행철도)의 파급 효과에 대해선 아직 국내에서는 체감하지 못했기에 그 파급력을 예단하기는 어려웠다. 하지만 큰 걸림돌로 예상됐던 요금 책정에 있어 중앙정부와 지방정부가 재정을 분담해서 지원하겠다고 하며, 현 정부는 대중교통비 부담을 완화하기 위해 올해 상반기 중으로 한국형 대중교통비 환급제 'K-패스'(지하철·버스 등 대중교통 이용 횟수에 비례해 요금을 환급해 주는 통합권으로 저소득층에 혜택이 많이 돌아가도록 설계)를 도입하여 GTX의 이용요금도 출퇴근 시 20%, 등하교 시 30%, 저소득층과 취약계층에겐 약 53% 최대 할인을 적용해 주기 위해 다각도로 검토 중이라고 한다. 국토교통부 자료에 따르면, 동탄~수서까지 4천 원 이내로 예상되며 여기에 할인까지 적용된다면 현재 동탄~수서까지 운행되는 SRT 일반석 요금 7,400원과 비교하여 절반도 안 되는 가격으로 이용이 가능하다. 소요시간은 비슷하면서 요금은 절반 이하이고 열차운행 시격(배차간격)은 짧아 가히 폭발적인 인기를 끌 것으로 예상된다. 이를 반영하듯 동탄과 운정신도시의 집값은 상승세에 있다. 보통 집값은 교통대책이 발표되자마자 집값에 선반영되면서 상승하게 되는데 수도권 북부와 동북부 지역의 집값은 현재 얼마나 선반영됐다고 보는가? 상중하로 답해 보라. (   )

184. LH·SH 단지 내 상가 분양이라고 들어 봤니? 上

상가 투자에 있어 초보자들이 가장 어려워하는 부분이 상가의 가치를 평가하는 것이다. (분양가가 적정한지 알기가 어렵다) 이런 경우에 그래도 가장 쉬운 상가 투자는 LH나 SH 등이 분양하는 단지 내 상가를 접근하면 사기를 당하거나 호구가 돼서 엄청나게 비싸게 분양받는 경우가 드물다. 공공이 분양하는 단지 내 상가는 왜 여타 상가 분양에 비해 실패할 확률이 적은 걸까?

(   )

185. 오피스텔 너 너무 많잖아! 근데 여기는 계속 못 짓는다고? 中

오피스텔을 분양받거나 살 경우 주의해야 할 점은 무궁무진하지만, 특히 주의해야 할 부분은 역시 오피스텔의 분양 물량일 것이다. 강남, 광화문 등 도심권의 오피스텔은 몇 년 만에 우후죽순처럼 생겨난다. 공급물량이 많다는 것이다. 도심의 오피스텔 건축은 몇몇 낡은 상가나 주택 등을 모아서 멸실 후 짓기에 그 물량을 제한할 방법이 없다. 그런 면에서 본다면 어떤 지역에서 오피스텔을 분양받거나 매수하게 되면 적어도 계획된 물량 외에 추가 물량 폭탄을 맞지 않을까?

(   )

186. PF대출(project financing) 부실, 시행사(developer), 시공사(constructor) 뉴스에 매일 등장하는 단어인데 서로 상관관계가 어떤 거니? 上

PF대출은 사전적 의미로는 '자금을 빌리는 사람의 신용도나 다른 담보 대신 사업계획, 즉 프로젝트의 수익성을 보고 자금을 제공하는 금융기법'을 말한다.

작은 규모의 PF대출은 개인이 어떤 근사한 프로젝트를 구상해서 이를 실행하고자 자금을 모으는 일이 해당될 것이다. 하지만 대한민국에서 사용되는 PF대출이란 용어는 금융사, 시행사, 건설사(시공사)의 유착관계에 의한 구조가 지배적이다. 즉, 시행사는 규모가 작은 회사로 구성되고, 건설사가 금융사에 지급보증을 해 주는 방식의 구조이다. 이런 구조는 실제 돈을 빌려주는 금융사(은행, 보험, 증권, 여신전문금융회사, 저축은행, 상호금융기관)가 시행사의 프로젝트의 사업성을 분석하여, 리스크를 판단하여 PF대출을 해 줘야 하는데 그러지 아니하고 앉아서 돈만 벌려고 하여 벌어진 대한민국의 없어져야 할 부조리라 할 수 있다. 진행과정은 시행사는 토지매입과 프로젝트를 기획하여 금융사에 돈을 빌리고, 건설사는 이 돈을 바탕으로 시공을 해 주는 구조인데, 예를 들어 A 시행사가 강남구 삼성동에 주상복합을 짓고자 PF대출을 일으켰는데. 부동산 시장이 침체되며 분양을 할 상황이 안 된다면 처음부터 사업성을 분석해서 PF대출을 해 줬어야 하는 금융사는 그제야 대출을 회수하겠다며 A 시행사에 통보하게 되고, A 시행사는 주상복합을 분양해야 대출을 갚을 수 있는데 주상복합을 짓지 못하는 상황이 되니 부도가 나게 되고, 금융권에서 투자한 자금은 부실화되어 회수가 불가하게 된다. 그래서 PF대출 부실은 커다란 사회문제가 되고 있다. 시행사는 우리가 아는 큰 회사가 거의 없지만, 시공사(건설사)는 우리가 많이 알고 있을 것이다. 다음에서 시공사를 모두 고르시오.

A. 삼성물산 B. 현대건설 C. DL이앤씨
D. MDM E. 피데스개발

187. 원수에게나 권하라는 지역주택조합, 도대체 왜 그런 거야? 中

지역조합주택을 사는 것은 엄청난 손실을 볼 수 있다는 말이 있다. 지역주택조합원의 눈물 어린 절규가 매스컴을 타는 이유가 아닌 것은?

A. 사업주체인 주민 스스로 토지를 확보해야 하는데 95% 이상을 확보하여 착공하는 게 어려워 사업이 좌초될 수 있다.

B. 지역주택조합을 탈퇴하는 것이 어렵고, 납입했던 분담금을 전액 돌려받는 것이 어렵다.

C. 사업이 진행되는 속도가 느려 사업성이 떨어지면서 엄청난 추가분담금 폭탄을 맞을 수 있다.

D. 주택청약 통장이 필요하다.

E. 주택건설대지의 80% 이상의 토지사용권원(동의서)과 15% 이상의 토지 소유권을 확보해야 조합설립인가를 받을 수 있다.

188. 1기 신도시 중에 누가 제일 높게 지었니? 下

1기 신도시 분당, 일산, 평촌, 산본, 중동 중에서 평균 용적률이 가장 높은 곳은 중동 신도시다. 중동 신도시의 평균 용적률은 얼마인가?

신도시	분당	일산	평촌	산본	중동
가구 수	9만 7,600 가구	6만 9,000 가구	4만 2,000 가구	4만 2,000 가구	4만 1,400 가구
평균 용적률	184%	169%	204%	205%	( )

A. 226%

B. 300%

C. 400%

D. 500%

189. 수도권 개발은 이 법이 우선 허용되어야 한다고? 上

수도권은 성장관리권역, 과밀억제권역, 자연보전권역으로 권역별로 나눈다. 수도권을 개발하기 위해서는 우선 허용되어야 하는 법이 있는데 이 법은?

A. 국토계획법
B. 농지법
C. 산지관리법
D. 군사기지 및 군사시설 보호법
E. 수도권정비계획법

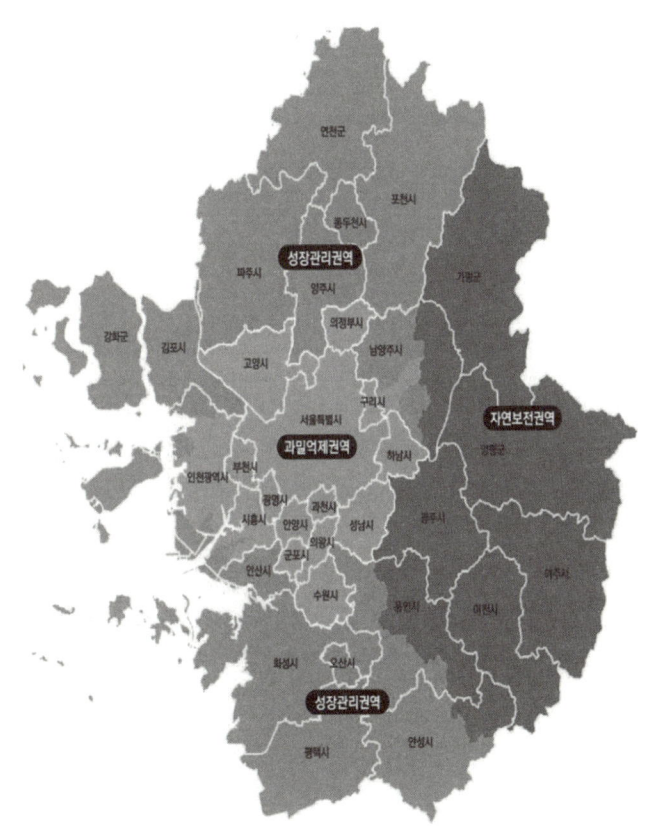

190. 타워형, 판상형 이름은 많이 들어 봤는데 환기랑 연관이 있다고? 中

아래 그림의 평면은 타워형 평면(통상적으로 건설사는 타워형 평면을 B타입으로, 판상형 평면을 A타입이라고 모델하우스에서 표현하는 경우가 많다)이다. 맞통풍이 가능한 평면인가? ( )

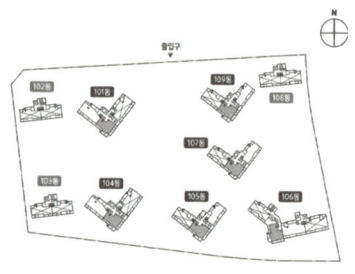

191. 옛날 구형 아파트 동의 일자로 배치된 단지들은 다 판상형이라고? 上

아래 그림의 단지배치도에서 판상형으로만 구성된 동은 몇 개동인가? (   )

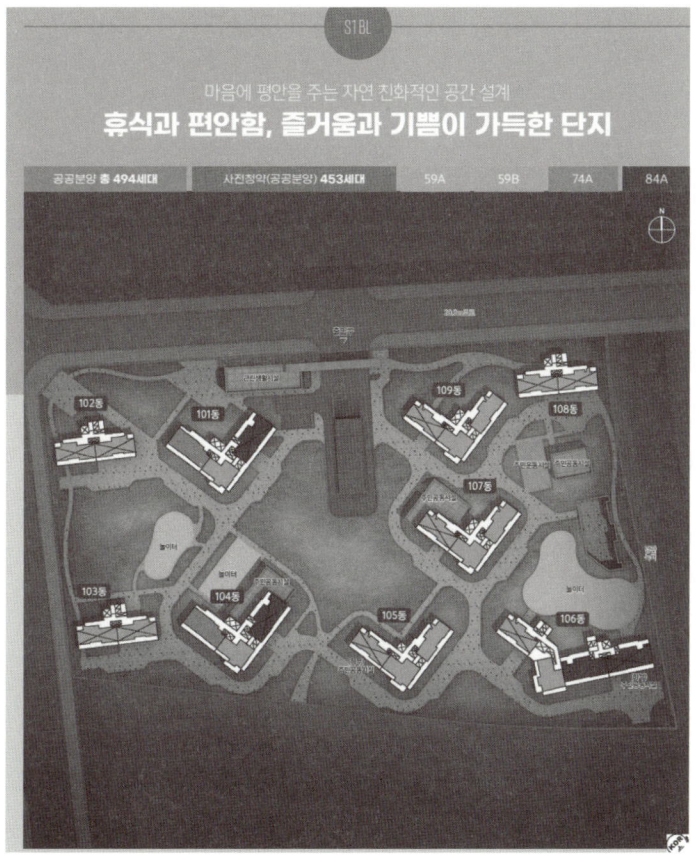

192. 법인아, 전용면적 85㎡ 이상 주택 팔면 부가가치세 더 내야지? 上

개인은 부동산을 매도하고 생긴 차익에 대해 양도세를 낸다. 법인(주식회사)은 법인세를 내야 하고, 전용면적 몇 ㎡ 이상의 아파트를 매도하는 경우 부가가치세를 추가로 내게 되는가?

(   )

193. 1층이지만 제일 잘나가는 이유가 있다고? 中

저층(1, 2층) 아파트의 장점으로 맞지 않는 것은?

A. 일조권이 확보되는 경우

B. 아래층이 커뮤니티 센터나 공용 부분으로 층이 높은 경우(필로티인 경우)

C. 보안설비가 잘되어 보안이 보장되는 경우

D. 거실이나 방이 외부에 노출되는 경우

194. 세대별 과세는 뭐고, 인(개인)별 과세는 뭐냐고? 中

양도세가 세대별 합산이란 건 부동산에 조금만 관심이 있다면 아는 사실일 것이다. 그렇다면 종부세(종합부동산세)는 2008년 11월 13일 헌법재판소에서 판단하길 세대별 합산이 위헌이라며 무슨 합산으로 변경하였는가?

(   )

195. 공공분양 분양가 토지낙찰가를 알면 분양가를 알 수 있다고? 上

2022년에 사전청약한 고양창릉 공공분양 S5블록(전용 84㎡)은 6억 7,300만 원 수준으로 사전청약 물량 중 가장 비싸다. 향후 3기 신도시의 분양가는 현재(2024년 1월)로선 예측이 불가능하지만, LH의 3기 신도시 토지 분양가를 보면 그래도 어느 정도 예측이 가능해 보인다. 사례를 보면 지금 치솟고 있는 건축비 상승이 고스란히 반영될 것으로 보이는데, 3기 신도시의 분양가(34평 기준, 전용면적 85㎡)를 예측해 보려면 2023년에 공고된 인천계양 민간분양공동주택용지(A7)의 땅값은 평당 분양가로 환산하면 약 800만 원 수준이다.

여기에 2023년 기준 평당 표준공사비는 약 750만 원이지만, 지금의 건축비 상승 추세라면 2027년경이나 분양이 가능하다고 하니 건축비는 대략 850만 원 + 분양사의 금융 비용 + 시공사 및 분양대행사 마진 20%를 다 더하면 '800만 원(땅값) + 850만 원(건축비) + 350만 원(금융 비용) + 200만 원(시공사 및 분양대행사 마진) = 2,200만 원'이므로 34평(전용면적 85㎡)의 분양가는 748,000,000원이라는 계산이다. 물론 분양가는 추산하는 것이기에 변수는 존재하겠지만, 지금의 치솟는 이자와 건축비 상승, 각종 인건비의 상승을 봐서는 쉽게 떨어지진 않을 것 같다. 3기 신도시의 34평(전용면적 85㎡)의 민간 분양가가 얼마 이상이면 청약을 유보할 것 같은가?

하남교산 : (   )
고양창릉 : (   )
부천대장 : (   )
남양주왕숙 : (   )
인천계양 : (   )

196. 뉴:홈(공공분양주택 50만 호의 새로운 이름) 중에 (   ) 임대부 주택 들어는 봤니, 누가 나쁘대? 中

국가, 지자체, LH, 지방공사 등이 주택도시기금을 바탕으로 건설하여 공급하는 주택을 공공분양주택이라고 하는데 분양가상한제를 적용해 저렴한 가격에 공급되는 것이 특징이다. 종류는 다음 표와 같다.

서울주택도시공사(SH)가 2023년 2월 분양한 고덕강일 3단지, 2023년 6월에 분양한 고덕강일 3단지 2차, 2023년 10월 강서마곡 10-2구역에 분양한 뉴:홈 주택은 (   ) 임대부 주택이다. 특공 경쟁률이 수십 대 1을 넘을 정도로 인기가 많았다. 토지는 공공이 소유하고 건물만 수분양자가 소유하는 방식으로 나눔형 주택의 하나이다. 건물만 분양받는 방식이기에 25평(전용면적 60㎡)이 3억 초중반으로 저렴하기에 흙수저 미혼 청년들이 서울의 괜찮은 입지에서 오래 거주할 수 있어 좋은 상품이 될 수 있다. 아쉬운 점은 토지임대료가 본청약시 상승할 수 있다. 작년 말 주택법이 개정되기 이전에는 개인 간 거래가 안 되고, LH에 감정가 수준으로 환매만 가능했으나, 주택법 개정으로 10년 전매제한 기간이 지나면 개인 간 거래가 허용된다. SH가 토지임대부 주택 상품을 내놓았다면, 경기주택도시공사(GH)는 지분적립형 주택을 광교 A7블럭에 2028년에 시범 분양예정이라며 선의의 경쟁을 하고 있다. 지분적립형 역시 10년 후 개인 간 거래가 가능하고 집값(최초 25%납부)을 분할 납부한다는 의미에서 (   ) 임대부 주택처럼 초기비용을 대폭 감소시킨 것이 특징이다. 무주택자는 SH에서 1월 초에 청약가능한 마곡택시차고지 273가구 분양을 노려봄직 하다. 참고로 2011년 분양한 (   ) 임대부 주택, LH 서초5단지와 2012년에 분양한, LH 강남브리즈힐의 경우 건물을 민간에게 매매하는 것이 가능하기에 수억 원의 시세차익이 가능하다. 괄호에 공통되는 단어는?

구분	나눔형 (5년 후 매매 가능)	선택형 (6년 공공임대)	일반형
공급유형별	- 특별(미혼 청년 15%, 신혼부부 40%, 생애 최초 25%) - 일반 20%(이 중 추첨제 20% 도입)	- 특별(미혼 청년 15%, 신혼부부 25%, 생애 최초 20%, 다자녀 10%, 노부모 부양 5%, 기관 추천 15%) - 일반 10%(이 중 추첨제 20% 도입)	- 특별(신혼부부 20%, 생애 최초 20%, 다자녀 10%, 노부모 부양 5%, 기관 추천 15%) - 일반 30%(이 중 추첨제 20% 도입)
유형별 특징	시세의 70% 이하 분양가. 공공에 환매 시 시세차익의 70%를 수분양자에게 돌려줌	분양 여부 선택 가능 (6년 거주 후)	시세의 80% 수준 분양가
대출범위	전용모기지 최대 40년간 최대 5억까지 가능	전용모기지 최대 40년간 최대 5억까지 가능	일반모기지 최대 30년간 최대 4억까지 가능
윤석열 정부 임기 내 공급계획 물량	25만 호	10만 호	15만 호

197. 상승·하락 부동산 유튜버가 조회수보다 컨설팅 비용에 목숨 거는 이유는? ▼

최근 부동산 관련 유튜버들이 조회수로 수익을 내는 것보다는 강사료나 기타 컨설팅 비용을 받기 위해서 유튜브를 촬영하는 경우가 많은 것 같다. TV로도 유튜브를 볼 수 있는 시대가 되면서 유튜브가 하나의 중요 매체로 자리매김하고 있다. 그렇다면 유튜버들의 강의를 볼 때 상승론자와 하락론자의 유튜버 중 본인의 상황에 맞는(하락을 원하는 사람은 하락론 유튜버를, 상승을 바라는 사람은 상승론 유튜버) 유튜버를 선호하게 되는데 이러한 성향은 어떤 문제가 있는가?

(   )

198. 수도권 인구가 전국 인구의 몇 %라고? ▼

수도권이라 함은 서울, 인천, 경기를 말한다고 한다. 면적은 국토의 약 11% 내외라고 한다. 그럼 수도권이 차지하는 전국 대비 인구의 비율은?

(   )

199. 다주택자는 다 하는 방법이 있었구나? 上

다주택자가 여러 채의 아파트 투자에 있어 대출이 자유로울 때(다주택자도 여러 채의 대출이 가능할 때) 다주택자들이 사용하는 돈을 가장 적게 들이는 세팅 방법은 전세를 놓는 경우도 있지만, 전세의 경우 역전세를 맞을 수도 있기에 한번 집단대출로 30년 이상을 실행하고 나면 큰 변동이 없기에 집단대출 + 어떤 임대형태로 세팅을 맞추는가?(기업도 마찬가지겠지만, IMF, 서브프라임모기지 사태, 코로나 팬데믹 사태를 순차적으로 겪은 경험이 많은 다주택자들은 무리한 투자를 하지 않으며 만일의 역전세난 등을 대비해 출구전략을 마련하고 있을 것으로 보여 단기적인 주택시장의 등락에 일희일비하지 않을 것으로 추정된다. 하지만 다가구나 빌라, 오피스텔 등의 주택임대사업자의 경우 정부의 오락가락 민간임대주택에 관한 특별법의 개정으로 많은 혼란을 겪고 있다)

(   )

200. 빨대효과(straw effect)라고 혹시 들어는 봤니? 上

　서울을 둘러싼 첫 번째 수도권제1외곽순환도로(도넛)가 완성된 이후 두 번째 수도권 제2외곽순환도로(도넛)가 2029년에 완공 예정이다. 2개의 도넛이 완성되면 수도권(서울, 경기, 인천)의 범위는 더 넓어져 충청, 강원 등의 수요가 더 몰릴 것 같은가? 아니면 편리해진 교통으로 인해 오히려 수도권 핵심지로의 진입이 빨라져 두 번째 도넛 안쪽 지역이 더 발전될 것으로 보는가?

　(   )

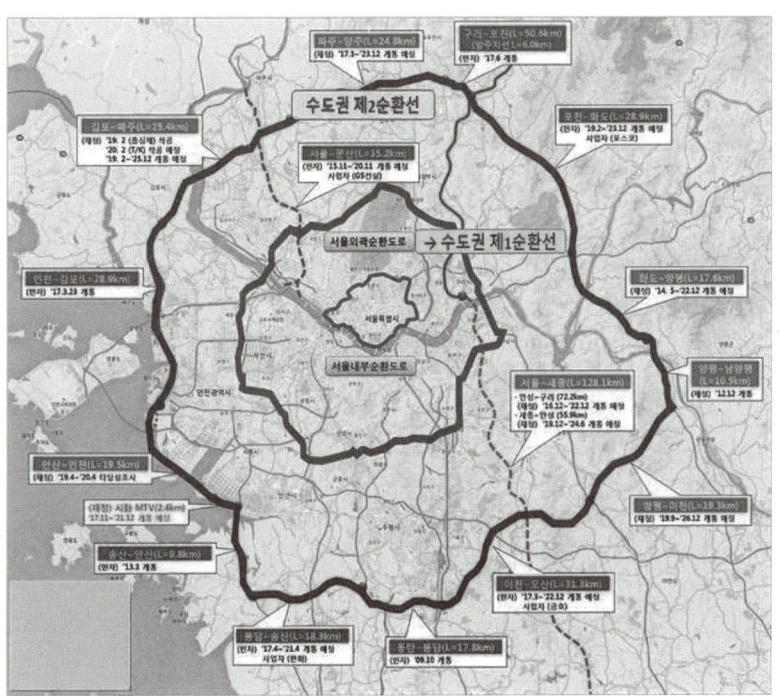

실전 100문제 2회
정답

101. D

102. D

103. E, G

104. 경매

105. 부모님의 사망 시 부모님과의 금전관계는 세무서에서 상속세와 증여세를 확정해 줘야 하는데 이때 세무서에서는 부모님과의 거래내역을 확인하게 되고 이때 드러나는 경우가 많다.

106. 분양권

107. 기회

108. 공공

109. 서초구, 송파구

110. 1,000㎡

111. 직접 임장을 다니며 그 지역 원주민(이장, 씨족 종손)들의 정보를 얻는 것이 중요하다.

112. 분양 시장의 성패가 중요한 잣대가 될 수 있다. 즉 미분양 물량이다.

113. D

114. A

115. 1억 4천만 원

116. 중도금대출이 실행되어 있는 것이 중도금대출을 승계하면서 적은 비용으로 구매가 가능해 거래가 더 활발하다.

117. 10

118. 천만 원 이상, 계좌이체는 금액과 상관없이 통보되지 않는다.

119. 양도

120. 부담

121. 법인은 증여세 납부의무가 없다. 따라서 아버지가 가족법인에 저가로 매도한다고 해서 법인에 매겨지는 부동산 이익에 관한 세금은 없다. 다만 법인이 저가로 구매했기에 법인이 차후 팔 때 법인세를 낸다.

122. 교육(학군)

123. 상승

124. D

125. 단지 내 조망이 가능한 동을 선택해야 한다.(신규 아파트의 조경예산 비중은 날로 증가하고 있으며, 석가산이나 수변공간의 조망은 선호도가 더욱 높아지고 있다)

126. 21%

127. 현재의 갭을 유지할 것 같다.

128. D

129. 문정동의 아파트가 가장 이익이 많이 날 것 같고, 동탄의 아파트와 서울 이문동, 은평구 신사동 아파트가 거의 비슷하게 이익이 날 것 같고, 용인과 광명은 가장 적은 수익이, 나머지는 거의 비슷할 것 같다.

130. D

131. 2022년 이전에는 12억 초과 상가주택에 있어서 상가 부분보다 주택 부분이 더 크면 상가양도세는 내지 않았으나, 2022년 이후부터는 상가와 주택 부분에 각각 양도세를 과세한다는 것이다.

132. A, 실거주의무 기간 폐지

133. 없다고 본다.

134. 구형 아파트의 오른 폭은 새 아파트의 오른 폭을 뛰어넘지 못한다.

135. 현금

136. 상생

137. 360만 원(주택매도 양도차익 1억 원 - 이월결손금 6천만 원 = 4천만 원)

138. 주택연금 가입자는 복리로 이자를 납부해야 하며, 주택이 상승했다고 해서 지급받는 월지급액이 늘어나지 않는다.

139. 대규모 랜드마크 복합사업 주변을 노려야 한다.

140. A, D

141. 교육

142. 3년

143. 그렇다.

144. 업무

145. 과거 5년 이내에 다른 주택에 당첨된 무주택세대 구성원이 있는 경우 당첨돼도 부적격자로 취급되어 당첨이 무효가 된다.

146. 청약을 해야 한다.

147. 양도차익이 많을수록 법인에 유리하다. 부연하면 개인의 양도세와 종합소득세(종소세) 세율은 과세표준에 따라 6%에서 최고 45%이고, 중과 시 최대 75%까지 적용된다. 반면 법인세는 과세표준에 따라 9%에서 최고 24%로, 최소 세율만 보면 개인보다 법인이 더 높다. 그러나 개인은 과세표준이 연 1,400만 원만 넘어도 세율이 15%로 9%가 추가 상승되지만, 법인은 2억 원 이하까지 9%가 적용되고 법인추가과세 세율도 20%로 고정돼 있다. 양도차익이 1,400만 원 이하로 적다면 개인이 유리할 수도 있다.

148. 특별전형

149. 선호도는 여러 요인이 있겠으나 모든 요인을 배제하고 타입만 본다면 판상형

이 더 인기가 있다.

150. 더 낮아야 한다.

151. 교통카드 사용내역

152. 무리한 대출이 아니라면 옳은 방법이다.

153. 8천

154. 주택

155. E

156. E

157. E

    전용면적 40㎡ 이하: 재산세 면제(단, 재산세액이 50만 원을 초과하는 경우에는 85% 면제)

    전용면적 40㎡ 초과 60㎡ 이하 : 재산세 75% 감면

    전용면적 60㎡ 초과 85㎡ 이하 : 재산세 50% 감면

158. 재개발이나 소규모 가로주택정비사업 등으로 인한 멸실 시 임대사업자는 임대의무기간을 채우지 못하더라도 임대한 것으로 본다.

159. 이 질문의 답은 사람마다 틀리기에 정답이라기보단 필자의 생각을 말한다면 적어도 2024년 내에는 바로 내리지 못할 것 같고 2025년이나 2026년 정도로 본다.

160. 120%, 부동산 가격이 1억 원이라면 사회 초년생들에겐 미래의 가치를 반영하여 1억 2천만 원의 대출이 가능했다.

161. D

162. 인구는 줄고 있지만, 세대를 구성하는 1인 가구 수는 증가하고 있다.

163. 가능하다. 이것도 절세의 방법 중 하나로 자녀는 돈이 없으니 자녀명의로 법인을 설립 후 자녀법인으로 매매하고 매매대금을 부모가 사망한 시점으로 미룰 수

있는 것이다. 부모는 남이 아니기에 자녀법인이 부동산매매 대금을 납입하지 않는다 해도 통상적으로 경매나 기타 채권추심을 하지 않을 것이기 때문이다.

164. 20~30대 사회 초년생이라면 좋은 방법이라고 생각한다. 현실적으로 흙수저나 동수저는 시간에 올인해야 한다.
165. 특별
166. 잔금
167. 소급적용
168. 15(지자체마다 조금씩 다르다)
169. 80%, 각각 다른 조합설립이 가능하기에 조합장이 각각이다.
170. D
171. 의정부
172. 자녀(직접 번 소득으로)
173. 서울~화성 간 지하도로
174. 4베이는 직사각형 형태의 평면이기에 땅이 넓은 곳에 적용하기 용이한데 재개발은 땅을 활용하는 데 있어, 4베이 평면에 한계가 존재한다.
175. 1년에 4,400만 원 미만의 이자를 납부하면 수익이 난다.
176. 미
177. 재건축된 주택만큼 상승하진 못하겠지만 어느 정도의 키 맞추기는 가능해 보인다.
178. A. 분당은 서울 신축 기준 10개구와 비슷한 시세를 형성할 것 같고, 나머지 1기 신도시는 재건축되어도 서울 신축을 넘어설 수 없을 것 같다.
179. 서울의 위상이 높아지고 살기가 좋아지면 그 가치는 올라간다고 본다.
180. 2023년 2월 21일 기준 서울은 5,500만 원의 최우선 변제금액으로 돌려받을 수

있다.

181. 대흥역
182. 위례신사선은 신사역(3호선, 신분당선), 청담역(7호선), 삼성역(2호선, 9호선, GTX-A, GTX-C), 학여울역(3호선), 가락시장역(3호선, 8호선) 등이 환승되기에 위례신도시의 위상을 한층 높일 것 같고, 서부선은 새절역(6호선), 신촌역(2호선), 광흥창역(6호선), 노량진역(1호선, 9호선), 장승배기역(7호선), 서울대입구역(2호선)이 환승되는 노선으로 서울 서부권의 전철이 한강 이남과 연결되는 노선으로 서울 서부권의 교통을 한층 업그레이드할 것 같다.
183. 중
184. 공공이 분양하는 아파트 상가의 경우 세대수에 비해 상가의 비율이 적고, 상가 밀집 지역에 위치하고 있지 않은 경우가 많아 경쟁력이 있다.
185. 신도시나 택지개발지구에 오피스텔을 분양받거나 구입하게 되면 계획대로 설계되었기에 계획된 물량 외에는 더 공급되기 어렵다.
186. A, B, C
187. D
188. A
189. E
190. 타워형 평면은 맞통풍은 안 되는 것으로 인식된다.
191. 3개동
192. 34평(전용면적 85㎡) 초과 주택
193. D
194. 개인별 과세
195. 하남교산 : 9억 원, 고양창릉 : 8.5억 원, 부천대장 : 8억 원, 남양주왕숙 : 8억 원,

인천계양 : 7.5억 원

196. 토지

197. 이름만 대면 다 아는 유튜버나 컨설턴트는 많을 것이다. 하지만 중요한 건 우리가 정보를 받아들일 때 좋든 싫든 양면을 보는 것이 중요하기에 상승론자와 하락론자를 모두 봐야 한다.

198. 2023년 기준 약 51%

199. 다주택자의 대출이 가능할 때 다주택자들은 대출을 최대한 받고, 이후 월세로 세팅을 함으로써 대출금 이자를 월세로 충당하고, 긴 이자 상환기간을 유지하는 경우가 많다.

200. 수도권 제2외곽순환도로 안쪽이 오히려 더 활성화되는 경우도 많다.

에필로그

세계에서 가장 행복한 나라는 어디일까요? 많이 들으셔서 아실 텐데요. 핀란드죠. 세계행복지수보고서에 따르면 핀란드는 6년 연속 행복지수 1위를 하고 있습니다. 핀란드를 비롯한 북유럽 국가들은 행복한 나라의 상징이 되고 있습니다. 그렇다면 북유럽은 왜 행복지수가 이렇게 높은 걸까요? 필자가 궁금해서 관련 자료를 찾아보고 ChatGPT와 대화해 본 바로는 북유럽은 대부분의 사람들이 비슷한 경제적 생활을 하고 있기 때문으로 보입니다.

일부 상위 귀족층과 하위층을 제외한 대부분의 사람들은 경제적으로 크게 다른 생활을 하지 못합니다. 국세청에 출생신고를 할 정도로 세금이 투명한 북유럽에서 학교 교실의 학부모들과, 직장에서의 직장인들, 소규모 자영업자 등은 대부분 60% 이상(세율구간에 따라 다르나 중위평균)의 세금을 내며 세금을 낸 후 남은 돈으로 생활을 하고, 현재 북유럽 상황(과거 북유럽에서도 중앙정부의 금리인하 정책과 정책 모기지대출 시행으로 부동산이 급등한 시기가 있었으나, 중앙정부의 금리인하 정책 포기로 부동산 거품만 야기한 꼴이 되었습니다)으로 봐서 부동산으로 큰돈을 벌기에는 어려움을 겪고 있습니다.

그렇다면 우리나라는 어떨까요? 아직은 그래도 노력하면 큰 부자도 될 수 있고, 충분히 집도 살 수 있고, 1~2명의 자녀를 낳아 기르는 데 충분한 교육을 제공할 수 있을까요?

필자가 직장 생활을 시작한 지는 28년이 되었고, 당시 선배님들을 보면 남편 한 사람만 직장을 다니고 상당 부분의 부인들은 전업주부였습니다. 약 30년이 지난 시점에 대한민국에서 외벌이로 집을 사는 건 사실상 불가능에 가까워졌다 해도 과언은 아닐 겁니다. 30년 전을 돌아보지 않더라도 10년 전에 5억 원 하던 분양가는 현재 10억 원이 되었고, 10년 전 3천만 원이면 하던 실내인테리어 비용은 2배 이상을 부르고 있습니다. '분양가는 계속 상승했고 앞으로도 상승할 테니 지금의 분양가가 결코 비싼 게 아니다. 그러니 지금이 제일 쌀 때다'라는 말들을 합니다. 필자도 동의하는 말이기도 합니다. 주택 가격은 결국 우상향했으니 말입니다.

하지만 여기서 의문이 하나 듭니다. 우리의 소득은 10년간 2배 이상 올랐으며, 양질의 일자리는 계속 늘어나고 있는가? 과연 누가 서울이라 하더라도 25평 10억 분양가를 받아들이고 살 것인가? 분명 우리의 1인당 GNI(Gross National Income, 국민총소득)는 3만 3천 불을 상회하며 소득이 늘어난 건 사실이지만, 그 늘어난 소득을 누리는 사람들이 점점 일부에 국한되고 있어 "노동 소득은 자본소득을 뛰어 넘을 수 없다"는 말에 다수가 공감하게 된 지금, 대한민국에서 대출 없이 순수한 노동으로 벌어서 집을 살 수 있을까요? 필자는 상당수가 어렵다고 보기에 그 안타까움이 더합니다.

불과 10년 전만 해도 어찌어찌 열심히 살면 그래도 집 한 채는 장만할 수 있었으나 현시점(2024년 1월)에는 그 가능성이 많이 줄어들었습니다. 분양가 상승과 더불어 저금리 기조도 깨져 주택담보대출이 5%대에 이릅니다. 분양가 5억 원일 때의 대출이자와 분양가 10억 원일 때의 대출이자는 체감이 너무나 다를 테니까요.

어찌어찌 10억 원에 아파트를 분양받았다 해도 그 이자를 내면서 살기에는 많은 부분을 포기해야 할 것이고, 안 입고 안 쓰고, 모으고 또 모아서 은행에다 갖다 바치는 꼴이 되는 겁니다.

다시 북유럽 얘기로 돌아갑니다. 북유럽은 큰 부자가 되는 건 애시당초 불가하다는 걸 대부분의 사람들에게 교육시키며 "넌 다른 사람보다 더 잘난 사람이 아니다.

튀지 말아라", "다 같이 세금 열심히 내서 비슷한 삶을 살면 되지"라고 말하는 것 같습니다. 실제 북유럽 국가들은 '얀테의 법칙 10계명'이란 어록을 통해 지나친 경쟁이나 비교보다는 모든 사람이 평등하기에 공동체의 삶을 중요하게 여기도록 교육한다고 합니다. 어차피 귀족으로 태어난 사람들은 성도 다르고 다 티가 나니 귀족이 아닌 우리끼리 고만고만하게 사는 게 얼마나 행복하냐는 겁니다. 하지만 의문이 들긴 합니다. 도심 임대주택(스웨덴은 우리나라와 달리 임대주택을 신청하는 데 있어서 주택 소유 여부나 순자산 등의 까다로운 조건 없이 18세 이상이 되면 임대주택을 신청할 수 있습니다)에 들어가기 위해서 20년을 기다려야 하고, 세금을 제하고 나면 자동차를 굴리는 것도 불가능해서 대부분의 사람들은 자전거를 타고, 오랜 기간 동안 일을 하고도 외국여행을 가기에도 빠듯한 살림살이는 얼마나 지루하고 답답할까요? 새 옷을 사기엔 부담스러워 구제매장이 엄청난 인기를 끄는 국가라면요? 노령연금을 엄청나게 많이 받아 젊어서 못 하던 걸 다 할 수 있는 것도 아니라는데 이런 나라들이 왜 가장 행복한 나라의 상위권을 차지하고 있는 걸까요?

"자본주의라면 누구나 부자가 될 기회가 주어지고 노력하면 좋은 결과가 나오는 시스템 아닌가?"

"그런 게 가능해서 열심히 살다 보니 세계에서 1등으로 행복지수가 높은 거 아닌가?"

행복의 척도를 정량적으로 평가할 수 없으나 우리나라에 사는 필자로선 갸우뚱해지는 부분이기도 합니다.

다시 우리나라로 돌아와 봅니다. '분양가가 치솟고 있기는 하지만 아직까진 공공분양제도가 있고, 정부에서 발표하는 신도시(민간분양 40% 이하, 공공분양 25% 이하, 공공임대 35% 이상으로 구성)가 있어 그나마 분양받는 것이 가능하지 않을까? 전세제도가 있어 적은 금액으로 주택을 사는 게 가능하지 않은가? 의료보험이 잘되어 있고 의료시스템이 어느 나라보다 좋지 않은가? 대중교통비나 공공요금(특히 전기세)이 저렴해 누구나 자유롭게 이동이 가능하고 기본적인 공공시설을 이용하는 데 큰 불편함은 없지 않은가?' 생각하다가 다시금 고민에 빠졌습니다. 아파트 프리미엄이 평생을 벌어도 못 버는 수억 원이 넘는 나라, 엄청난 경쟁과 1등이 아니면 살아남지 못하는 나라, 학원비로 주택임대료보다 훨씬 비싼 돈을 지불하는 나라, 정규직과 비정규직이 구분되어 임금의 격차가 엄청난 나라, 비리가 쉬워 수천억 원을 횡령해도 솜방망이 처벌을 받는 것이 가능한 나라, 9·7급 공무원으로 도저히 집을 살 급여가 안 되어 인재들이 전문자격증 취득으로 돌아서는 나라, 나라를 이끌어 갈 기초과학이나 기술력을 증진시켜야 할 수재들이 의사라는 직업에 매몰되는 나라, 입시비리가 수시로 터지는 나라, 이런 나라가 과연 기회가 균등한 나라인가?

 북유럽은 그래도 남들과의 경쟁보다는 대다수의 사람이 비슷한 삶을 살기에 최상위를 뺀 빈부격차(스웨덴의 경우 1% 부자가 갖고 있는 나라 전체 자산은 30% 후반대로 한국이나 미국보다도 높다고 하니 1%의 부자들이 부를 독점하는 비율은 세계적으로도 높습니다)는 심하지 않은 나라 아닌가? 더군다나 사교육비나 대학 등록금이 거의 들지 않는다고 하니, 남들, 친인척들과 비교당하며 성적만능주의로 자란 아이들과는 다르게 인성적으로도 안정된 삶이 기대되지 않을까?

 그렇다면 우리나라의 장점과 북유럽의 장점을 융합할 수만 있다면 얼마나 좋을까요? 하지만 그런 나라는 이 세상에 존재하지 않는다고 봐야 합니다.

 지금 세계 1위 선진국 미국은 어떤가요? 의료보험은 엉망이고, 치솟은 물가에 대부분의 중하위권의 삶은 결코 녹록지가 않습니다. 독일, 프랑스, 영국 등은 원룸 임대료가 저렴한가요? 독일에선 임대주택에 들어가려면 10년 기다리는 건 기본이라 하고, 임대인이 임차로 들어오려는 사람이 너무 많아 선별하기 위해 신상을 요구할 정도라는 기사가 나오기도 했지요. 유럽의 상징적인 복지국가인 독일이 이럴진대 과연 다른 나라는 어떨까요?

인간의 탐욕이 끝이 있을까요? "내가 집이 3채 있으니 2채를 더 사서 순자산 50억을 만들어야지. 그래야 이제 좀 있다는 소리를 듣지", "내가 만든 법인이고 내가 키운 회산데 내가 직원들의 수십 배는 더 가져가야지", "내 자식은 반드시 경쟁에서 이겨야 하며, 그 방법은 무엇이건 동원해야지". 이런 탐욕이 과연 인간 스스로의 자정 노력으로 자제가 될 리 없을 겁니다. 그래서 법률이 있지만, 유전무죄라며 그 기능에 한계를 꼬집고 있습니다.

IMF 때 한 번 빈부격차가 벌어졌으며 두 번째로 미국에서 발생한 서브프라임 모기지 사태로 벌어졌고, 세 번째로 코로나 사태 이후 다시 한 번 빈부의 격차는 벌어질 것 같습니다.

엄청난 기축통화인 달러가 풀려 있고, 그걸 회수하기 위해 금리를 올린다고 해도 풀린 돈이 전부 회수될 리가 없고, 있는 자들은 달러를 금고에 차곡차곡 쌓을 테니까요.

필자는 이러한 인간의 탐욕은 GNI가 올라간다고 해서 바뀔 거라고 보진 않기에 그 대비책이 부동산(대한민국에선 사실상 아파트와 아파트가 될 상품으로 국한하고 싶습니다)이라고 말할 수밖에 없습니다. 대한민국은 전세제도라는 독특한 제도가 있습니다. 이 제도의 붕괴시점이 도래하면(개인적으로 도래는 할 것 같으나, 시기는 10년 이후로 빠르지는 않을 것 같습니다) 선진국과 같이 임대료의 상승은 상당할 것으로 예측됩니다. 대한민국은 점점 더 투명해질 것이고 거기에 세금시스템은 매우 정교해질 것이기에 다주택자들과 투자를 목적으로 전세를 내준 집주인들은 점점 더 세금 때문에 골치 아플 것이고, 그 돈을 투자하느니 '월세를 높여서 받자'는 생각을 하게 될 것입니다. 더군다나 전세가 사라지고 월세 시대가 도래한다면, 그나마 가능했던 집을 마련하기 위한 갭투자(갭투자는 최근엔 전세사기로 인해 나쁜 의미로 사용되는 경우가 있는데 자본이 부족한 사람에겐 유용한 한국만의 독특한 투자방식이기도 합니다)도 사라지게 될 것입니다. 물론 갭투자의 역기능인 무분별한 갭투자로 인한 부동산 투기는 줄어들겠으나, 거시적인 측면에서 본다면 월세 시대 도래로 부동산을 소유한 사람과 그렇지 않은 사람의 격차는 더욱 커질 것이기에 10년 후 진정한 선진국에 진입하기 전에는 반드시 아파트(아파트가 될 수 있는)를 구입해야 하며 2024년도에 불황기가 이어져 고점대비 하락폭이 큰 부동산을 찾아서 매수할 수 있다면, 인플레이션을 방어하기에 충분한 내 집 마련은 가능하리라 봅니다.

필자는 부동산 폭등론자도 폭락론자도 아닙니다. 거시경제를 예측할 만한 경제학자도 아닌 필자가 미래의 경제는 좋을 것이다, 나쁠 것이다 운운하며 독자님들을 설득할 수는 없습니다. 엄청난 정보가 오픈되어 있는 지금, 조금만 관심을 갖는다면 관련 통계나 경제학자들의 예측은 쉽게 접근이 가능할 것입니다. 충분한 경제학적 지식을 쌓은 후 판단하시길 권해 드리며, 필자는 과거와 현재의 부동산 전반에 관한 흐름을 알려 드리고 싶었고, 이를 토대로 10년 후의 대한민국 부동산은 월급이 오르는 폭보다는 더 오를 것으로 예측하기에 10년 이후를 바라보는 안목을 키우시길 바라며, 누구나 살고 싶어 하는 부동산을 미리 선점한다면 좋은 결과를 가져오리라 확신합니다.

'실전 100문제 × 2회 200문제'가 조금이나마 도움이 되셨기를 기대하며 생애 첫 책을 낼 수 있게 도와준 가족들, 특히 병상에서 아들이 잘되기를 항상 기도해 주시는 아버님과 어머님께, 그리고 능력도 안 되는 필자를 "할 수 있다"며 격려해 준 아내와 아이들에게 감사하며, (주)좋은땅 출판사 모든 분들께 감사드립니다.

부동산으로 무조건 돈 버는
실전문제집

ⓒ 장예준, 2024

초판 1쇄 발행 2024년 1월 1일

지은이	장예준
펴낸이	이기봉
편집	좋은땅 편집팀
펴낸곳	도서출판 좋은땅
주소	서울특별시 마포구 양화로12길 26 지월드빌딩 (서교동 395-7)
전화	02)374-8616~7
팩스	02)374-8614
이메일	gworldbook@naver.com
홈페이지	www.g-world.co.kr

ISBN 979-11-388-2657-0 (13320)

- 가격은 뒤표지에 있습니다.
- 이 책은 저작권법에 의하여 보호를 받는 저작물이므로 무단 전재와 복제를 금합니다.
- 파본은 구입하신 서점에서 교환해 드립니다.